**协同管理创新学术精品系列**

宁波大红鹰学院优秀中青年教师支持基金项目

U0678922

# 集团公司协同管理

## SYNERGY MANAGEMENT
## WITHIN GROUP CORPORATION

范春风 孙西堂 余来文 张继东 著

经济管理出版社
ECONOMY & MANAGEMENT PUBLISHING HOUSE

**图书在版编目（CIP）数据**

集团公司协同管理/范春风，孙西堂，余来文，张继东著. —北京：经济管理出版社，2016.3
ISBN 978-7-5096-4264-1

Ⅰ.①集… Ⅱ.①范… ②孙… ③余… ④张… Ⅲ.①企业集团—企业管理 Ⅳ.①F276.4

中国版本图书馆 CIP 数据核字（2016）第 035566 号

组稿编辑：高　娅
责任编辑：高　娅
责任印制：黄章平
责任校对：王　淼

出版发行：经济管理出版社
　　　　　（北京市海淀区北蜂窝 8 号中雅大厦 A 座 11 层　100038）
网　　址：www.E-mp.com.cn
电　　话：(010) 51915602
印　　刷：三河市延风印装有限公司
经　　销：新华书店
开　　本：720mm×1000mm/16
印　　张：10.5
字　　数：185 千字
版　　次：2016 年 3 月第 1 版　2016 年 3 月第 1 次印刷
书　　号：ISBN 978-7-5096-4264-1
定　　价：48.00 元

# 前　言

中国旅游业已进入快速发展阶段。中国在世界旅游业方面已成为第四大经济体，在出境游和国内游市场已排第一，并且是第三大入境旅游市场。然而中国旅游企业的发展与中国经济的快速发展以及旅游行业的要求不相匹配，即使是中国最大的旅游集团——香港中旅（集团）有限公司（以下简称港中旅集团）和世界一流旅游企业还有差距。为此，本书以集团公司协同管理为研究视角，通过对我国具有代表性的本土旅游集团——港中旅集团为研究对象，采用问卷调查的实证研究和案例研究相结合的方式，对我国旅游企业集团协同管理进行研究。

结合文献研究分析，本书采用 SPSS17.0、LISREL8.7 统计软件，通过实证研究、结构方程模型分析和案例分析相结合的方式，对旅游企业集团协同管理进行研究，形成如下结论：

第一，本书以港中旅集团为调研对象，搜集中国香港、深圳、珠海、北京、上海、西安、杭州、青岛等地集团及分、子公司的中高层管理人员的问卷调查数据，通过 SPSS 的探索性因子分析，提取了企业集团协同管理四大因子，分别命名为内部管理能力、关键资源整合、盈利模式和服务创新；通过 LISREL 软件对其进行验证性因子分析，基本验证了这四大因子的有效性；通过结构方程模型验证四大因子协同管理对于企业绩效的正相关关系，并构建了旅游企业集团协同管理模型。

第二，通过对港中旅集团案例的分析，阐述了港中旅集团协同管理的成效和问题，就港中旅集团在内部管理能力、关键资源整合、盈利模式和服务创新等的具体做法进行剖析，用案例验证了旅游企业集团四大主要因子进行协同管理的重要性和实效性，案例与实证不谋而合。

第三，结合文献研究，在对旅游企业集团协同管理实证研究和案例研究的基础上，提出旅游企业集团协同管理的实施策略和建议。首先，分析了旅游企业集团协同管理的时机选择。其次，构建企业集团协同管理模型并详细提出具体的实施策略及建议。最后，提出了协同管理的政策、人才和技术保障机制，并从政府和企业集团角度分别指出基于价值链的旅游企业协同管理的政策建议。

综上所述，本书不仅构建了旅游企业集团协同管理的模型，明确了四大核心要素，还就进一步强化旅游企业集团协同管理，培养我国的旅游行业强企，以及对其他行业的企业集团协同管理提出了借鉴和参考建议。

# 目 录

# 第一章 绪 论

## 一、研究背景

### （一）旅游业成为国家战略性支柱产业

旅游业被称为"无烟产业"和"朝阳产业"，它已经和石油业、汽车业并列为世界三大产业。旅游业是一个战略性产业，具有综合效益好、资源消耗低、就业机会多、带动系数大等诸多特点。目前旅游业已成为全球经济发展中势头最强劲和规模最大的产业之一，每 12 个人中就有一人在旅游部门就业，其产出占全球国内生产总值的比例也达到 9% 左右。近年来，中国旅游业获得了飞速发展，不仅产业规模不断扩大，而且产业体系也渐趋完善。

当前，中国社会正处于向工业化、城镇化加速发展阶段，大众化、多样化和个性化的消费需求为旅游业发展提供了难得的发展机遇。从旅游业的发展规律来看，GDP 的增长和人均可支配收入的增加是旅游业发展的根本动力。近年来，我国 GDP 及城乡居民收入的快速增长推动了旅游业的快速腾飞，国内出游人数和旅游总收入总体保持稳步增长趋势。1998 年国内人均可支配收入还不足 6000 元，国内旅游人数不足 10 亿人次，到 2011 年，人均可支配收入达到 22000 元，国内旅游人数已接近 30 亿人次，可以说，两者变动关系极其一致，具体如图 1-1 所示。

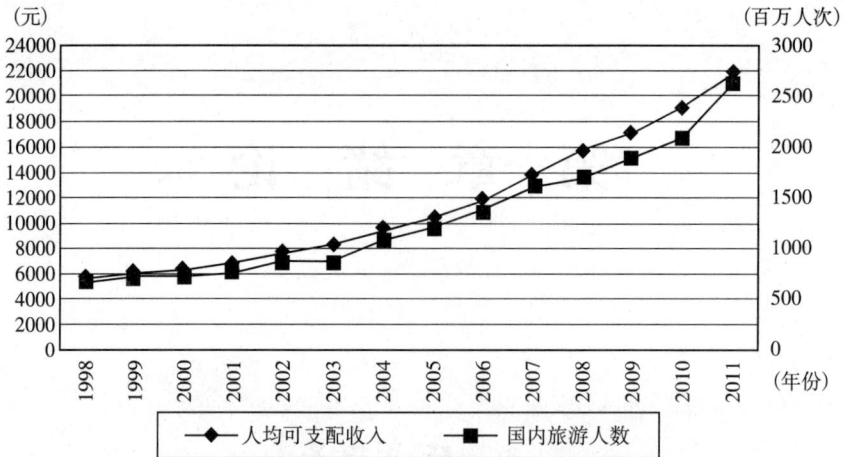

图 1-1　1998~2011 年人均可支配收入与国内旅游人数

资料来源：国家旅游局和国家统计局。

　　我国已逐渐发展成为世界旅游大国。旅游在我国已经成为人们日常生活的一个重要组成部分。2013 年，虽然受政府政策的影响，公务和商务旅游消费放缓，但是国民休闲旅游消费仍然表现出了强劲的增长势头。2013 年国内旅游人数达 32.6 亿人次，与 2012 年相比增长了 11.6%，国内旅游收入 2.63 万亿元，与 2012 年相比增长了 15.7%。同时，我们也看到了国内旅游市场的吸引力并没有持续增强，2013 年入境过夜人数 5570 万人次，同比下降了 3.5%；旅游外汇收入 517 亿美元，同比增长了 3.3%；在出境旅游方面，随着经济发展和人均可支配收入的提高，出境人数达 9819 万人次，同比增长了 18%。

　　伴随着中国的崛起和经济的腾飞，旅游业已成为中国经济发展的支柱性产业之一。无论对经济的拉动性、就业的带动力，还是对文化与环境的促进作用，都显著增强。具体体现在如下三个方面：其一，旅游业强劲拉动了经济的增长。我国旅游业的发展不仅带动了社会投资，而且还促进了相关产业的发展。当前我国旅游业增加值已占到 GDP 的 4% 以上，与旅游相关的行业超过 110 个。比如，旅游业不仅对宾馆业贡献率在 90% 以上，而且对铁路和民航贡献率也在 80% 以上。其二，旅游业极大地促进了社会消费。2010 年中国居民的国内旅游消费额达到 1.26 万亿元，占居民消费总支出额的 9.4%。其三，旅游业大大地促进了社会就业。全国旅游现有直接的从业人员超过 1350 万人，而与旅游相关的就业人员更是达到了近 8000 万人。国务院将旅游业提升为战略性支柱产业，就是重视其在调整产业结构、节约资源、创造就业机会、缩小区域发展差距等方面的作用。

国家"十一五"规划就曾明确提出要"促进服务业加快发展","积极发展文化、旅游、社区服务等需求潜力大的产业";到了国家"十二五"规划就把"积极发展旅游业"作为建设现代产业体系的重要内容，提出了要大力发展生产性服务业和生活性服务业，积极发展旅游业；明确提出了旅游业的两大战略目标，即成为"国民经济的战略性支柱产业"和"人民群众更加满意的现代服务业"。而要实现这两个目标，必须要把我国从世界旅游大国建设成为真正的世界旅游强国。

近年来，全社会都在对人类生存环境进行反思，尤其是对工业文明的反思，使人们越来越关注自然环境。旅游业由于戴着"无烟产业"和"绿色产业"的帽子，在政府发展绿色 GDP 的大力支持下发展很快。在游客数量和旅游收入屡创新高的同时，其所带来的环境问题也开始显现，特别是对旅游目的地环境以及旅游资源的破坏越来越严重。一些旅游企业的急功近利、盲目开发、景区超负荷运转以及游客有意无意的损害等造成许多严重的环境问题。因此，要促进旅游业健康可持续发展，还必须充分关注环保问题，真正使旅游业成为低碳环保产业。2013 年 10 月 1 日，国家《旅游法》正式实施，该法对旅游业的科学发展具有很强的指导性，对促进我国旅游业全面协调可持续发展具有重大意义。

## （二）我国旅游市场竞争日趋白热化

随着我国旅游业的迅猛发展，旅游业市场竞争也日趋激烈；特别是加入WTO 之后，中国旅游业面临着内外共同的竞争压力，随之而来的是对旅游市场的争夺。从国内旅游市场的竞争格局看，虽然中国旅游业的总体规模已位居世界前列，但"发展模式单一，产业形态落后，产业集中度低，行业秩序混乱，产品质量不高"等深层次结构问题依然存在，与国外有竞争力的旅游企业相比，中国旅游企业的实力和规模相对弱小，无论是从资产规模、营业收入规模、盈利能力角度，还是从业务地域分布、业务类型多样性角度看，都还存在相当大的差距。

对于旅行社这一行业而言，1987 年以前还是垄断状态，到 1992 年，国务院发布了《关于加快发展第三产业的决定》，旅行社申办资格逐渐放开，数量明显增加。1996 年 10 月 15 日，国家出台《旅行社管理条例》，重新审核旅行社经营资格，把一、二、三类旅行社转变为国际社和国内社。从市场角度分析，旅游业分为国内游、入境游、出境游三大项。从近年的发展来看，国内游业务毛利占总量的六成左右，入境游业务毛利占总量的两成以上，出境游业务规模较小，毛利占总量的不到两成，呈现"金字塔"结构。近十年来，由于我国经济快速增长，国家产业政策也大力支持，旅行社数量不断增加，但"小、散、弱、差"，为争夺市场份额，进行恶性竞争，从而导致整个旅行社行业在总收入不断增加的同时，利润率却不断下降，甚至出现负利润现象。旅行社不能从中获得发展所需的足够利润，这不仅影响到消费者从旅游中获得高质量的服务，更直接影响到旅游产业的健康发展。旅行社数量每年增长幅度甚至超过旅游人数的增长幅度，在一定程度上造成旅游市场的供求失衡。到 2011 年末，全国纳入统计范围的旅行社共有23690 家，比 2010 年末增长 3.9%；各类旅行社共实现营业收入 2871.77 亿元，比 2010 年增长 8.3%。到 2012 年底，全国旅行社总数增加到 24944 家，同比增长 5.29%；旅行社营业收入为 3374.75 亿元，同比增长 17.51%。到 2013 年底，全国旅行社总数已达 26054 家。由此可见，旅行社的行业竞争将更趋激烈。

相比于旅行社，酒店行业对经济周期敏感且波动大。我国酒店业从 2004 年开始新一轮高速的扩张，行业处于激烈竞争局面。2008 年，经过前期高速扩张，酒店行业供给出现相对过剩、行业竞争激烈、房价偏低、酒店总收入增长缓慢的局面。2009 年，在入境商务旅客减少和国内游客"节约游"的背景下，酒店的需求减少，对酒店业产生一定的抑制影响。根据中国旅游饭店业协会《2011 中国饭店市场城市景气分析报告》统计结果显示，2009~2010 年底，全国各地酒店业绩又开始明显回升，调查样本酒店的入住率为 61.07%。中国旅游研究院在《2013 中国酒店投资展望报告》中指出，2000~2012 年，中国星级酒店客房量以10%的复合增长率增长，而五星级酒店客房量复合平均每年增长 20%，等于说，五星级酒店数量和客房量均翻了五倍。2011 年底，全国星级酒店数量为 11676家；2012 年，全国星级酒店为 12807 家；而到 2013 年底已到 14000 家以上。从中长期看，旅游产业政策推动和旅游需求拉动将成为驱动中国旅游业长期高速增长的基本动力，随着我国旅游业的持续发展，酒店行业仍面临良好的发展机遇。

可以说，旅游行业竞争日益激烈导致行业整体利润水平下降。此外，以"携程"、"艺龙"为代表的在线旅游近年来发展迅速，目前市场份额约占全国旅游业整体市场的 5%，对传统旅游业务形成了一定冲击。从整体来看，受到旅游行业经营模式特殊性的影响，旅游企业之间既是相互依存的合作伙伴，又是相互排斥的竞争对手，旅游市场的竞争在一段时期内仍将较为激烈。2013 年 4 月 25 日

《旅游法》的出台，对规范旅游市场起到了一定的促进作用，短期内对国内旅游市场产生了一定冲击，但从长远看，有利于产业整合和市场规范，行业内劣势企业将在竞争中加快淘汰，从而为优势企业控制市场资源，提高市场占有率创造了机遇，旅游行业长期竞争激烈的格局有望得到改善。

### （三）我国旅游企业向集团化发展

改革开放的 30 年，也是我国旅游企业逐渐走向集团化发展的 30 年。我国旅游企业集团从无到有，从蹒跚起步到苗壮成长。20 世纪 80 年代，在政府的行政力量干预之下，旅游企业通过整合方式来做大做强。20 世纪 90 年代下半期，来自政府的主导力量和市场的竞争力量相互作用，催生了一批具有核心竞争力的旅游企业集团。到 21 世纪初期，旅游集团化发展趋势更为明显，逐步形成了一批以市场力量为主导的大型旅游企业集团。目前，我国旅游企业的集团化进程已经进入了大型旅游集团主导与旅游市场格局初定的全新阶段。

伴随旅游企业的集团化进程，旅游企业的集团化管理起步于 20 世纪 70 年代末和 80 年代初。旅游企业开始步入集团化管理轨道始于 1978 年的国家改革开放。到 1985 年，上海有了华亭、锦江、新亚、东湖等以酒店服务业为主的旅游企业集团。1986 年，在中央直接重视下开始成立我国的酒店集团；到 1987 年，联谊饭店集团、友谊饭店集团等酒店联合体成立。1987 年，中国的酒店集团原则上开始享受与外国酒店集团同等的待遇。1993 年，锦江集团公司成立。不仅如此，中共十六大和十六届三中全会提出，要在市场竞争中发展一批具有国际竞争力的大公司、大企业集团。中共十七大、中共十八大强调要加快转变经济发展方式，推进经济结构战略性调整，使中央企业成为新时期经济结构战略性调整的主导力量。为此，在政府力量的强力干预和整合下，中国正在形成一批具有强大市场竞争力的旅游集团。比如港中旅重组合并中国中旅、招商旅，中国国旅集团合并中国免税品集团；还有锦江集团以及首旅集团的整合壮大等。

从 20 世纪 90 年代开始，我国形成了一批以港中旅集团、国旅集团、中青旅集团为代表的全国性传统旅游集团。不仅如此，还如雨后春笋般地冒出了一批以北京首都旅游集团、上海锦江国际集团为代表的地区性的旅游集团，还有 1989 年开始创立的，集主题公园、酒店、餐饮、商务会展、娱乐、休闲等于一体的广东长隆集团。一些旅游集团通过上市融资筹措资本，形成以旅游为主业，跨行业发展的综合性集团。上海新锦江大酒店股份有限公司于 1993 年在上海证交所上市，成为国内第一家旅游上市公司；截至 2013 年底，沪深两市共计有 30 多家旅游企业在 A 股上市。民营旅游企业也在快速发展，中国最大的民营旅游投资集团——宋城集团在文化旅游产业方面长足发展，成功打造"宋城"品牌。2014年 1 月 23 日，北京众信国际旅行社在深交所挂牌上市，这是首家在 A 股上市的民营旅行社。大连万达集团也已开始进军旅游行业，在进行规模扩张，并且野心十足。经过近十年的发展，特别是互联网的飞速发展，使人们的旅游理念发生了深刻变化，可以说是"质"的改变。由于互联网的发展，产生了许多新的旅游产品和工具，也使"旅游"这一概念的外延和内涵进一步拓展和深化，并且能够将与旅游相关的"吃、住、行、游、娱、购"等各个领域都打包在一个价值链里，也为旅游要素间的协同管理创造了条件。

# 二、研究问题

旅游企业"做大做强"是摆在旅游企业面前的一大难题，而破解之道就是走集团化道路，但集团化又会给旅游企业带来复杂而隐蔽的企业集团协同管理的问题。作为一名旅游行业从业人员和一家旅游企业集团的管理人员，笔者不仅亲眼目睹和见证了一家旅游企业集团的发展，而且也经常受到来自企业集团协同的困惑和挑战。可以说，这么多年，笔者一直在苦苦思索旅游企业集团的发展方向，带着对旅游企业集团协同管理存在的疑惑，展开研究并力图解决如下三大问题：

第一，旅游企业为何一直存在"小、散、弱、差"的现象？如何能有效地实现旅游企业做大做强的发展？

第二，旅游企业集团在集团协同管理上主要受哪些因素的影响和制约？对此，旅游企业集团又该如何发挥其集团协同效应？

第三，作为旅游价值链的核心企业，旅游企业集团又应如何着手构建自身的旅游价值链，并最终实现顾客价值的最大化？

综上所述，旅游企业集团发展迅猛，但旅游企业集团协同管理效应尚未见成效。所以，本书研究的本源问题就是旅游集团协同管理问题，通过分析旅游集团协同管理的主要因素及价值链合作，实现集团协同效应的目标。

## 三、研究的目的和意义

### （一）研究目的

伴随旅游企业的迅猛发展，由旅游企业构成的旅游产业链也开始走向融合，并向纵深发展。在旅游产业链中，每一环节都在向上下游延伸，上下游之间的界限日益模糊，旅游企业之间的竞争也开始向更细化、更微小的层面展开角逐。因此，旅游产业链必将是越来越复杂化，各种链条交叉，并形成一种复杂交错的产业生态链。从以往追求单纯个体企业之间的竞争，到如今的全价值链的竞争，以及未来面向整个生态环境的竞争。同时，单一的竞争型产业链，开始转变为合作的产业生态系统。由此可见，旅游产业链的大融合，必然要求旅游企业走向合作。旅游企业要想在市场竞争中获胜必须要通过内部协同和外部合作，追求服务创新，最大限度地挖掘客户价值，进而实现基于价值链的集团协同，并实现集团的最终目标。

国外旅游集团比我们发展得早，不仅规模庞大，而且产品成熟，链条完整，一体化水平很高，管理经验丰富。而我国旅游企业普遍"小、散、弱、差"，难以产生规模效益。当前旅游企业的状况与旅游产业发展极不匹配。2013 年 3 月 7 日，在瑞士日内瓦世界经济论坛发布的《旅游业竞争力报告》显示，瑞士、德国和奥地利的旅游业竞争力指数排名世界前三；排在前十名的其他国家是西班牙、英国、美国、法国、加拿大、瑞典以及新加坡。而中国在亚太区域经济体中跻身前十，在参评的 140 个经济体中仅排名在第 45 位，旅游业发展和中国作为世界第二大经济体的地位极不相称。在 2014 年世界旅游旅行大会的新闻发布会上，旅游业理事会预测，中国在 2023 年将会成为世界第一大旅游经济体。而目前，我们国内还缺少与"世界第一大旅游经济体"相匹配的旅游强企，即使中国最大的旅游集团——港中旅集团自身和世界一流旅游企业还有差距。

从进入世界 500 强的世界级旅游集团德国途易、美国运通、日本交通公社来看，它们在协同管理上各具特色。德国途易从工业集团 Preussag AG 逐步发展成为全球最大的旅游提供商，经营范围包括航空、酒店、旅游批发、旅游零售、旅游目的地接待等。在分销方面，每年在 27 个细分市场共有 3000 万名旅游者，在全欧洲有 143 家飞机，并有 3500 家门店；在酒店方面，在全球 28 个国家有 243 家酒店 154000 个床位，是欧洲排名第一的度假型酒店集团；在邮轮方面，在欧洲德语系国家豪华邮轮领域知名度极高。美国运通于 1850 年从快递公司开始发展，现在已经是全球性的旅游、金融和网络服务提供商，是道琼斯工业指数的 30 家成员公司之一，其业务领域集中在三方面：旅行相关服务、金融咨询以及银行业务，是全球最大的旅行社之一，在全世界 140 多个国家有超过 2200 间旅游办事处。日本交通公社成立于 1912 年，总部设于日本东京，如今已是日本最大的旅游企业集团，分支机构遍及世界 187 个国家和地区，拥有超过 28000 名员工，业务范围涉及观光旅游、度假休闲、餐饮宾馆、金融保险、会议展览、地产、建筑装饰、教育、卫生、技术情报、广告、娱乐、印刷出版、运输物流、网络 IT 等多个领域。

港中旅集团虽然在国内最大，但旅游业务还比较单薄，目前只有不到 108 家旅行社，70 多家酒店，而且都在内地和港澳；休闲目的地的打造才刚刚起步，目前在国内仅有六个度假区，三个景区。但是中国旅游市场的巨大潜力是世界其他国家无法相比的。国家旅游局预测，到 2015 年中国国内游将超过 33 亿人次，出境游超过 1 亿人次，入境游超过 1 亿人次，假如港中旅将来占到 5%左右的市场份额，按人均 500 元，就有 800 亿左右的收入。因此与世界大旅游集团相比，虽有差距但还是可以追得上的。

与此同时，中国正在从世界旅游资源大国向旅游经济强国不懈努力，迫切需要形成一批具有强大市场竞争力的旅游企业集团。随着市场经济的发展，我国旅游业也出现了一批具有市场竞争力的旅游企业集团，除了港中旅以外，还有国旅、华侨城等央企，以及上海锦江、北京首旅、广州长隆等地方性质明显的旅游集团。如何实现旅游企业集团协同管理，走向集约化经营轨道，从而提升效益已成为旅游企业集团共同关注的课题。

综上所述，本书研究的主要目的在于，一方面，从顾客价值的角度出发，重新构建旅游价值链，打造集"吃、住、行、游、娱、购"于一体的旅游产业的全价值链；另一方面，以旅游企业集团为研究视角，明确实现集团有效协同的核心要素，实现集团协同效应，从而提升中国旅游企业集团的竞争力和实现良好的效益。

## （二）研究意义

本书对旅游企业集团协同管理问题进行专门研究，具有一定的理论价值和较强的现实指导意义。一方面，不仅填补了旅游企业集团协同管理的研究空白，而且完善了旅游产业价值链、企业集团协同等理论；另一方面，对我国当下的旅游企业集团协同管理实践具有较强的现实指导意义。

1. 理论价值

首先，本书填补了旅游企业集团协同管理的研究空白。目前关于企业集团协同管理的研究原本就比较少，而旅游企业集团协同管理理论更是少之又少，本书以旅游产业价值链、企业协同理论、企业资源论为理论基础，对集团协同，特别是旅游企业集团协同管理进行了专门研究，填补了研究空白。其次，本书丰富和发展了旅游价值链理论、自组织理论、企业协同理论等。围绕价值链理论，本书对旅游产业及其价值链进行系统性研究，分析了旅游产业价值链的概念、构成、特征、核心环节等。同时，对企业协同理论进行了研究综述，具体分析了自组织理论体系以及以哈肯为代表的协同理论，并就企业协同理论及其发展演变进行阐述。最后，本书针对旅游企业集团协同管理展开研究综述，就旅游企业集团及其协同管理机制分别进行研究，构建了旅游企业集团协同管理结构理论模型。

2. 实践意义

随着企业集团规模日益扩大、结构日趋复杂、经营的多元化，对企业集团这一系统中的母子公司之间、各子公司之间的行为进行协同管理已经成为一项紧迫又意义重大的课题。本书从旅游企业集团协同管理的视角，解决旅游企业集团面临的实际管理问题，更好地促进旅游企业集团的健康发展。为此，本书以中国最大旅游集团——港中旅集团作为案例实证分析构建的协同模型，分别对协同管理的关键因素进行案例分析佐证，并希望对其他公司具有借鉴作用和现实意义。主要体现在如下三个方面：

第一，运用协同理论来指导旅游企业集团协同管理机制的构建，促进旅游企业集团协同管理在实践中取得突破，指导企业集团将各子公司的战略、资源等优势通过协同管理机制转换为集团整体的协同效应，从而在市场上具有更强的竞争优势。旅游企业集团协同管理机制的构建，有益于集团公司整合内部分散的资源、加强内部的管控能力、提供更具创新的服务、实现新的盈利模式。

第二，对旅游产业价值链提出了全新思维。旅游产业的发展，离不开对其自身价值的重新审视。因此，旅游产业必须在价值链上进行价值分解和重新整合，进而创新原有的价值链。一方面，产业价值链中大的旅游集团为了节约成本和利益一致性，会进行前后一体化协同，以此提升自己的竞争力；另一方面，旅游企业为了防止被并购，需要专注于自己的核心业务。因此，旅游产业应基于价值链而展开深层次协同。

第三，突出企业集团协同管理在旅游企业集团做大做强中的重要地位和作用，通过旅游企业集团内部各业务单元间的整合、协作来实现"1+1>2"的集团协同效应，以提高旅游企业集团的整体绩效，提升企业集团的竞争能力，进而构建具有国际竞争力的世界一流的旅游企业集团。

港中旅作为中国最大的旅游企业集团，在促进中国旅游产业发展方面具有义不容辞的责任和义务。显然，港中旅集团所做的，离它自身的要求，以及国资委对它的定位，都有很大差距。本书希望经过研究，能够促进港中旅集团实现自身和国家的定位目标，从中国最大的旅游企业变成能够较好地参与国际竞争的旅游强企。这也是本书之所以选取港中旅集团作为实证和案例进行解剖的原因所在。为此，本书重点以港中旅集团为案例分析对象，并对华侨城、国旅、中青旅、德国途易、日本交通公社等公司进行分析，从而探讨旅游企业集团协同的有效途径和方法，给出相应对策，供旅游从业者借鉴。

# 四、研究对象及概念界定

## （一）研究对象

本书从企业视角，站在旅游企业集团角度，对旅游企业集团协同管理问题进行研究。重点选取中国最具代表性的旅游企业集团——港中旅集团作为研究对象，样本包括来自中国香港、深圳、珠海、广州、中国澳门、北京、上海、西安、杭州、青岛等地域的旅游板块公司企业及子公司。在此基础上，本书在问卷调研和深度访谈时也同时对具有旅游企业集团性质的一些国内外旅游企业集团的协同管理信息进行收集，对影响旅游企业集团协同管理的主要因素展开分析。

## (二) 概念界定及解释

### 1. 旅游价值链

一般来说，旅游价值链是围绕旅游批发商或旅游目的地，通过控制服务流、游客流、信息流、物质流、商务流、文化流、资金流，及"问、行、住、吃、游、娱、购"等一系列活动，使旅游产品和服务的供应商、批发商、零售商以及旅游者构成基于旅游产品和服务的价值链。

### 2. 企业集团

企业集团一般是指由多个企业以产权为纽带结合在一起形成的具有多层次结构并以母公司为主体的多个法人的经济联合体。企业集团一般是由一个集团公司和若干成员企业共同构成，经济上统一由总部控制，而在法律上各成员企业各自独立。

### 3. 旅游企业集团协同管理

旅游企业集团协同管理是指旅游企业集团为了实现整体绩效最优化的战略目标，通过管理活动，协调、控制、整合、配置集团母子公司各种资源，通过旅游价值链条各节点的分工协作，满足游客旅游服务需求，从而实现集团整体战略上"1+1>2"的协同效应。

### 4. 企业集团协同效应

企业集团协同效应指企业集团通过协同管理活动而产生的整体性的功能效应。企业集团协同效应强调集团协同管理，并非资源功能的简单加总，发挥协同价值创造能力，从而实现协同效果。

# 五、研究路径及方法

## （一）研究路径

本书研究结构安排如图 1-2 所示。

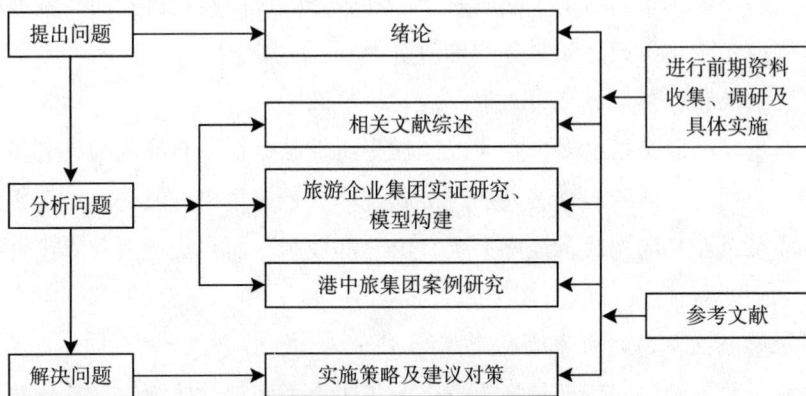

图 1-2　本书的研究结构

首先，由于个人工作的缘故，加上对研究的兴趣爱好，笔者选择旅游企业集团这一研究领域展开研究，初步确定旅游企业集团协同管理问题作为研究方向。其次，通过查阅文献资料的收集和分析、前期调研，以及资料的整理，编写草拟的大纲，并与研究小组一同沟通和讨论，确定最终大纲。再次，根据大纲编写本书，形成初稿。之后又根据旅游界专家和集团部分高管和一线同事提出的宝贵意见进行修改，最后修订和完善并定稿。可以说，本书是严格按照上述的研究路径展开的。

本书主要根据旅游价值链和企业集团协同等相关理论研究，结合旅游企业集团管理实践，综合运用多种学科知识，对我国旅游企业集团协同管理问题进行探索性和验证性研究。总之，本书分七章，主要内容分析如下：

第一章　绪论。介绍研究背景和问题、研究目的和意义、研究路径与方法、创新点，以及相关概念和解释。这一章是本文的统领章节。

第二章　相关文献综述。本章在总结前人学者研究成果的基础上，将国内外关于旅游产业价值链和企业集团协同管理的相关文献进行较为系统的梳理，主要包括：一是对旅游产业价值链的概念、构成、特征及其核心环节进行了研究综述。二是详细阐述了自组织理论、协同理论以及企业协同理论。三是对企业集团协同、集团战略协同、集团资源协同、旅游企业集团协同管理等分别进行研究综述。四是对现有研究进行简要评析。

第三章　旅游企业集团协同管理实证研究。首先，就旅游企业集团协同管理机制进行研究设计，确定研究对象，进行研究假设，制定研究程序。其次，编制调查问卷，对问卷调查的数据进行收集和整理，运用 SPSS 进行探索性因子分析和 LISREL 进行验证性因子分析，同时还对问卷的信度和效度进行分析。最后，根据问卷调研，探索出旅游企业集团的几大核心要素，进而对本书的假设进行验证，最终达到本书的研究目的。

第四章　旅游企业集团协同管理模型构建。通过探索性因子分析和验证性因子分析，不仅发掘出旅游企业集团协同管理的四大主要因子，还就四大核心因子与集团经营绩效之间的关系进行研究，探讨企业集团协同管理对集团经营绩效的关联性，并大胆构建旅游企业集团协同管理机制的结构方程模型。

第五章　港中旅集团协同管理案例分析。在旅游企业集团协同管理结构模型的基础上，根据港中旅集团的协同管理实践的具体情况，不仅分析了港中旅集团协同管理的现状、问题和动因，而且还从内部管理能力、关键资源整合、盈利模式、服务创新四个方面对港中旅集团展开深入剖析，再一次验证之前的结构模型。

第六章　旅游企业集团协同管理实施策略及其建议。根据之前的旅游企业集团协同管理实证研究和案例分析，本章分析了旅游企业协同管理时机的选择，并提出了旅游企业集团协同管理实施策略及其政策建议。

第七章　结论与展望。包括基本结论、创新点、研究不足及后续研究。

## （二）研究方法

正是遵循上述的研究路径，本书对旅游企业集团协同管理模式进行了探索式研究。本书的基本研究方法如下：

第一，文献研究法。为了深入研究旅游企业集团协同理论，本书参阅了大量国内外的相关文献研究和专著，所引用的文献资料都是已公开发表的关于旅游价值链和企业集团协同的研究，同时系统地从现有关于旅游企业集团协同管理相关理论文献中进行阅读、分析和整理，研究借鉴前人的研究成果并形成一个系统的文献综述，从而为旅游企业集团协同管理研究奠定理论基础，对完成本书具有指导意义和借鉴作用。

第二，规范研究与实证研究相结合。一方面，本书通过对现有企业集团协同理论的梳理，并与旅游价值链结合，从中寻求两者之间的有机结合，探寻一般规律，提炼理论观点；另一方面，本书以旅游企业集团协同管理的主要构成因素为研究对象，对以港中旅集团为主的 200 多位中高层管理人员进行问卷调研，收集相关数据，获得第一手数据和资料。同时，采用 SPSS17.0 软件和 LISREL8.7 软件、Cronbach's α 的信度分析、内容和结构效度分析、探索性因子分析、验证性因子分析以及结构方程模型分析等方法。

第三，动态分析与案例分析相结合。本书通过案例进行动态分析，坚持理论知识必须建立在观察和实证的事实上，从而揭示一般结论。通过对港中旅集团个案的深入分析和研究，以案例分析的形式对旅游企业集团协同管理的主要构成因素（内部管理能力、关键资源整合、盈利模式和服务创新）进行分析和探究，从中探讨旅游企业集团协同管理形成机制的有效途径和实施方法，给出相应的对策和建议，以供其他旅游企业集团借鉴和参考。

第四，综合分析与归纳相结合。企业集团问题涉及的知识面较宽、范围较广，比较难以把握。因此，本书综合运用管理学、经济学和社会心理学等理论，从多方位、多角度对企业集团协同进行探索性因子分析和验证性因子分析，归纳影响旅游企业集团协同管理的关键构成要素，并构建理论模型，进而提出具体的实施路径。

综上所述，正是基于上述的研究路径和研究方法，本书对旅游企业集团协同管理展开了研究，探索旅游企业集团协同的主要构成因素，并构建旅游企业集团协同管理模型，以期望对旅游产业和旅游企业集团的发展做出应有的贡献。

## 六、本章小结

本章是本书的绪论，主要介绍研究背景和问题、研究目的和意义、研究路径和方法以及研究的创新之处等。本章提到了对旅游企业集团协同管理的主要构成要素展开探索式研究，一方面，从顾客价值的角度出发，重新构建旅游价值链；另一方面，对旅游企业集团协同管理展开研究，促进集团协同管理，发挥协同效应。可以说，本章是开篇章节，分析了本书的研究总脉络，为本书定了基调，并导引后续研究。

# 第二章  相关文献综述

## 一、旅游产业价值链的研究综述

### （一）旅游产业概述

旅游（Tour）一词，源于拉丁语的"tornare"和希腊语的"tornos"，含义是"车床或圆圈，即围绕一个中心点或轴的运动"。伴随社会经济的发展和人们生活水平的提高，人们开始有了一种提供"吃、住、行、游、娱、购"等要素的旅游产品的需求。通过利用旅游资源，借助旅游设施，提供旅游产品和服务，进而形成我们通常所说的旅游产业。对于"旅游产业"，学者持有两种截然不同的观点。

有些学者认为旅游不能称之为产业。史蒂夫·史密斯（Stepher Smith）认为旅游产品同质化不够明显，算不上是一个产业，一来，交通运输、餐饮酒店、旅行社景区等旅游企业的旅游产品服务具有极其明显的差异特征。二来，旅游企业针对的是为消费者提供的旅游服务，而不是旅游产品。而对产业的定义是依据产品而非产品的消费者。同样持有这一观点的托马斯·戴维逊（Thomas Davison）在其撰写的《旅游真的是产业吗》一书中明确提到，"旅游不能被称为一个产业，最多只是一些产业的集合而已"。由此可见，旅游不同于一般意义上的产业，更像是一个影响许多相关产业的复杂部门。国内学者张广瑞也持有与美国学者戴维逊相同的观点，认为将旅游定义为产业是不对的。他也认为旅游是一种社会经济现象。特伦布莱（Tremblay）也持有类似的观点，并分析其原因有两个，一是旅游业与一些其他产业存在较大重叠；二是旅游公司提供的并不是同样的产品，也没有相同的生产技术。虽然这些学者的观点各有不同，但有一点是毋庸置疑的，即旅游产品具有异质性和复杂性。

与此同时，越来越多的学者开始意识到旅游产业自身潜在的商业价值，并将旅游视为一个整体产业加以对待。一旦旅游产业得以形成，势必为旅游产业相关企业带来积极的正能量。可以说，目前旅游产业已发展成各国经济的一个重要影响产业。随着旅游市场需求和供应的不断扩大，快速发展的旅游业必然将对旅游产业带来巨大的、正向的经济效应。目前对旅游产业范围存在着两种完全不同的看法。一种观点认为旅游产业就是旅游业，旅游业就是旅游产业，二者没有区别。对此，魏小安、王大悟等认为"旅游业就是满足旅游者的旅游需求而提供各种旅游服务活动的一种综合性产业"。另一种观点认为旅游业只是旅游产业的一部分，旅游产业涵盖的范围要远远大于旅游业的范畴。比如，罗明义将旅游产业划分为三个层次，即旅游核心部门、依托部门以及相关部门。旅游业仅属于核心部分。申葆嘉也认为旅游业是指以旅行社、风景区、酒店、餐饮、航空等提供各种营利性质的旅游服务的复合体；而旅游产业的范围更广泛，不仅有营利性质的，也有非营利性质的。由此可见，旅游产业并不仅仅局限于传统的旅游业，其范围要更加宽泛。

综上所述，旅游产业虽有争议，但也有共识。坚持旅游产业一说的学者都看到了旅游产业所带来的巨大经济价值，如果一旦形成产业发展，那么对于旅游业的发展绝对有百利而无一害，而持反对意见的学者则是看到了旅游产品及其要素本身所具有的异质性和所体现的社会属性。源于对旅游各种属性的不同认知，让我们对旅游产业有着多种看法，也足以看出旅游产业越来越受到关注和重视。

## （二）旅游产业价值链的相关研究

### 1. 旅游产业价值链的概念界定

旅游产业之所以出现，主要还是源于旅游产业链的自发形成而慢慢衍生出来的。而产业链的核心还是围绕产业链而构成的价值链。关于价值链，我们不得不提及美国哈佛商学院战略管理学知名教授、被誉为"现代竞争战略之父"的迈克尔·波特。波特认为：每一个企业都是在设计、生产、销售、发送和辅助其产品的过程中进行种种活动的集合体。所有这些活动都可以用一个价值链来表示。对此，波特还指出了"价值链分析法"，即把企业内部价值分为基本活动和支持性活动，其中，基本活动涉及企业生产、销售、进料后勤、发货后勤、售后服务等；而支持性活动涉及人事、财务、计划、研发、采购等。基本活动和支持性活动共同构成了企业价值链。可以说，企业价值链可看作是一系列连续完成的活动，是原材料转换成一系列最终产品的过程。这种价值链主要还是针对制造企业而提出的。后来有学者对价值链也持有不同的看法。比如彼特·海恩斯就将价值链定义为"集成物料价值的运输线"，即价值链是把顾客对产品的需求作为生产过程的终点，把利润作为满足这一目标的副产品。随着企业竞争的日益激烈，企业价值链也越发受到企业的重视，旅游企业亦不例外。基于旅游产业的上下游企业的价值链整合在一起就自然形成了旅游产业价值链。

普恩（Poon，1989、1993）不仅传承了波特的企业价值链理论，而且首次将价值链理论应用于旅游企业实践，同时将旅游企业的价值增值活动分为基本活动和支持性活动。其中，基本活动往往因旅游企业的不同而大相径庭，而支持性活动通常在各旅游企业之间相差无几。不仅如此，一些学者还把旅游价值链由企业层面上升到产业链角度加以分析。其中，吴建辉将旅游产业价值链分为两大部分，一部分是由旅游产品生产商通过旅游中间商或直接把产品销售给顾客而产生的基本价值链部分，另一部分则是通过基本价值链来实现增值的辅助部分。马梅认为，旅游产业价值链应包括基本的价值链、可变的价值链以及延伸的价值链三个层次，其中，旅游实体企业与旅游中介企业之间构成了基本的价值链；旅游实体企业之间（包括"吃、住、行、游、娱、购"等）共同构成了可变的价值链；与旅游相关联的金融、保险、商品等企业便是延伸的价值链。综上所述，旅游产业价值链就是把旅游企业价值链延伸到旅游产业的范畴，然后被充分利用和挖掘而形成的产业价值链。

根据对前人研究成果的总结，旅游产业价值链主要有三种概念界定。第一，旅游产业价值链是围绕旅游需求而形成的；正是基于对旅游消费者的旅游需求，不仅带动了旅游产业的各要素的自由组合，而且初步形成了当前旅游的产业格局。李丹枫等认为，旅游产业链是伴随旅游消费者"吃、住、行、游、娱、购"等消费需求，涉及从获知旅游消息、空间移动，再到最后的旅游体验等一系列活动形成的各旅游企业间协作的产业链条。而这种产业链条本身就是一种价值链条。王起静则将满足游客"吃、住、行、游、娱、购"一系列需求，由一个核心旅游企业作为链主，与相关的旅游企业开展各种形式合作，包括资本、技术或产品合作，将旅游产品或服务提供给旅游消费者，形成产业链条。这些观点都一致认为旅游产业链源于旅游需求，由于需求的存在，激发了企业协作，最后形成链条关系。第二，旅游产业价值链是基于旅游产品的供应形成。学者坦佩尔和冯特（Tapper & Font）认为，旅游产业链是由所有提供旅游产品和服务的供应企业与分配企业共同构成的链条，包括旅游开发商、供应商、旅行社以及游客等。路科将旅游产业界定为以旅行社为核心，其他旅游企业为节点而结成的服务于旅游者的一种供应链模式。黄继元认为，旅游产业链是由处于上下游的各旅游企业之间相互合作而形成的，包括旅游供应商、旅游中间商和消费者三个环节。由此可见，这是围绕旅游产品服务供应而形成的产业关系。第三，旅游产业价值链是基于空间移动范围形成的。可以说，旅游价值链是围绕旅游空间移动而形成的供应链，具体是指旅游者从始发地到目的地的空间位置转移，或是从旅游产品和服务供应，如餐饮、酒店、航空等到旅游产品在旅游目的地的分配与营销，如由旅行社、景区等所有提供旅游产品服务的旅游企业所构成的一种网络。

综上所述，旅游产业价值链是由旅游企业提供旅游产品服务、实现旅游价值而构成的一种分工合作关系。一般而言，旅游产业价值链可分为旅游需求、旅游产品供应和空间移动范围。旅行者的旅游需求界定了旅游产业链的起始点和目的地，使旅游价值链相对而言比较容易把握；而旅游产品服务的供应，表面上看是旅游产品服务的多元化体现，其实质上是由于旅游产业链边界过于模糊，对于究竟什么才是旅游产品，至今仍然界定不清；而对于空间移动范围，虽然清楚界定旅游产业链边界，但对产业价值链理解上还是过于模糊。

2. 旅游产业价值链的构成及特征

通过以上对旅游产业价值链的概念界定，我们发现旅游价值链是在旅游产业链条中各个环节的各个企业之间形成的价值链的集合。具体来说，就是把众多旅游企业价值链相互整合而成的一种特定的产业关系，包括上游旅游供应商、旅游核心企业以及下游旅游渠道商等。这种价值链可分为基本活动和支持性活动，其中，基本活动主要提供"吃、住、行、游、娱、购"等旅游服务并直接产生旅游价值。同时也有学者认为旅游产业价值链包括三个层次：供给层、产出层和投入层。其中供应层主要是指旅游目的地的旅游设施；产出层是旅游目的地的旅游产品及服务；投入层是旅游目的地的相关人力资源、产品服务、信息支持等旅游环境和营销系统等。也有学者将旅游产业价值链分为核心层、依托层和基础层。核心层主要是提供旅游产品和服务的景点和旅游服务的旅游企业；依托层是提供旅游相关联的产品服务的企业，包括餐饮、住宿和交通企业；而基础层是提供旅游营销和旅游投资等支撑性活动的企业。

总体来说，旅游产业价值链由三部分共同组成。第一部分是传统的"吃、住、行、游、娱、购"六类旅游企业；第二部分为旅游中介企业，如旅行社；而第三部分自然就是旅游消费者。正是由这些直接提供旅游产品服务的旅游企业、旅行社等旅游中介企业和旅游消费者三者共同组成了旅游产业的价值链。

首先，传统的旅游企业，具体来说包括餐饮企业、酒店类住宿企业、航空、租车公司、邮轮公司等交通企业、旅游景区景点、旅游购物以及休闲娱乐企业等。

其次，旅游中介企业主要是介于旅游企业和旅游消费者两者之间，提供旅游中介服务的企业。具体来说，旅游中介企业又可分为传统的旅游中介如旅行社，和新兴的旅游中介，如在线旅游代理商等。传统的旅游中介——旅行社，一般又分为两类：一类是将旅行社分为旅游批发商和旅游零售商；另一类是将旅行社分为旅游代理商和旅游经营商。其中，旅游代理商类似于旅游零售商的角色，旅游经营商就不仅仅是旅游批发商那么简单，而且还有零售的权力，即通过自己的零售机构直接销售给旅游消费者。按此分类，我国绝大多数旅行社都属于旅游经营商的性质，比如港中旅、国旅、中青旅等，一方面通过自己的旅游门店来直接销售旅游产品，另一方面则通过其他旅游代理商来销售旅游产品。对于新兴的旅游中介，主要是面向互联网提供旅游企业产品代理服务，包括在线旅游代理商（Online Travel Agent，OTA），旅游网络媒介、旅游垂直搜索网站等。比如，提供酒店和机票的代理业务的就有携程网、艺龙网、芒果网等；提供景区门票代理的有驴妈妈；提供线路代理业务的有途牛旅游网；此外，去哪儿网、酷讯网等提供比价搜索服务，酒店点评网站、绿人旅游网等提供旅游企业产品点评信息或旅游攻略等。

最后，旅游产品和有服务需求的消费者。根据购买者的不同，旅游消费者可分为个人、家庭和团体。个人和家庭一般倾向于在网上购买旅游产品服务，而团体则习惯于从传统旅行社购买旅游产品服务。

关于旅游产业价值链的特征，学者的看法也不一致。张捷认为，相比于传统产业价值链，旅游产业价值链具有如下特征，其一，旅游产业价值链机动性大；旅游产业价值链中间的各环节的替代性更高。其二，旅游产业价值链具有较强的外部性；旅游产品很容易通过串联目的地和旅游资源等价值对象实现价值创造。其三，旅游产业价值链具有丰富的横向性；即很多旅游企业的利润来源于各种形式的回扣，包括饭店、景区和商店等。基于旅游产品所具有的自身特色，吴建辉指出旅游产业价值链的四大特征，即信息性、区域性、多样性和横向性。首先，旅游产品很大程度上依赖旅游产业内部的信息传递，这导致了旅游产品具有无形性特征。其次，旅游产品具有非移动性，导致旅游产业价值链的实现局限在很强的旅游区域。再次，旅游产品的不可储存和不可加工，这也就形成了旅游产业链的多样性特征。最后，就是旅游产业价值链可以通过横向而非纵向来实现。

3. 旅游产业价值链的各环节分析

一般来说，旅游产业价值链是围绕核心企业与之相关的节点企业共同组成的一种价值网络结构。旅游产业价值链的核心企业可以是旅行社或是旅游风景区。传统的旅行社可以作为旅游活动的策划、组织和实施者，将"吃、住、行、游、娱、购"等一切资源要素进行整合协调，实现最佳资源的优化配置。这种情况已经是众所周知的。与此同时，旅游景区作为旅游产业价值网络新兴的核心企业，也可以通过整合与景区相关联的企业，实现景区价值创造。对此，学者们的看法倒是比较一致。刘亭立认为旅游景区的价值创造能力较高，而旅行社的价值增值空间相对有限，毫无疑问景区成了旅游产业价值链的核心企业。旅游景区具有天然的差异性和不可复制性，导致了景区的天然垄断，而旅行社则日益趋于同质化，市场竞争激烈，同时进入门槛较低，利润率也较低。由于旅行社与各旅游景区的获利能力各不相同，这也导致了他们在价值链中所起的作用和地位各不相同。对此，黄继元持同样的观点，认为旅游产业链往往是以一个大型旅游企业为核心，将其他旅游中介公司聚在一起而形成的产业群；除了核心企业之外，其余合作的都是节点企业；基于核心企业与节点企业的合作关系，也就构成了旅游产业价值链，也是一种动态利益链，这是一种新的企业间既竞争又合作的模式。也就是企业之间既竞争同时又保持密切合作。与此同时，关于如何处理旅游产业价值链中核心企业与节点企业之间的关系，刘人怀、袁国宏认为，企业之间的合作要注意信任问题，既不能过于信任也不能缺乏信任。如果过于信任，就会导致企业合作中知识产权的泄密问题，以及自己对合作企业的责任和义务而无法掌握自己的命运。相反，如果缺乏信任，则企业之间的合作就会流于形式，根本达不到价值链的高度。

## 二、企业协同的研究综述

### (一) 自组织理论

提及协同理论，人们自然就会联想到自组织理论。伴随自组织的形成，也产生了自组织理论。自组织是一个很新且很抽象的事物。哈肯认为，自组织是在形成时间、空间或者功能的结构中没有外界特定干预的一种体系。在这种体系中，也可以实现所谓的时间、空间或功能的有序结构。作为组织过程演化的一个抽象概念，自组织大体要经历组织演变的三个阶段：第一，由非组织到组织演变阶段。该阶段是组织的起源，标志着从非组织到组织，从混乱到有序，第一次开始明确了组织的起点及其临界的问题。第二，组织程度由低到高进行演化阶段。该阶段是组织的内部提升演变阶段，主要体现为系统在临界点通过涨落发生突变产生耗散结构，这种新结构、新功能涌现的行为，我们常称为自组织。第三，组织开始由简单到复杂的演化阶段。该阶段主要是组织在结构与功能相同的组织层次上从简单到复杂的水平增长过程。通过这三个阶段，组织也在一步一步地向自组织进行演化和蝶变。自组织一经提出，关于自组织理论的研究也逐渐增多，先后出现突变论、分形理论、超循环论、混沌理论、耗散结构理论和协同理论等。这些具体的自组织理论流派从各个视角对自组织进行研究。

自组织理论及其具体方法论如表2-1所示。

表2-1 自组织理论及其方法论

| 自组织理论 | 研究内容 | 自组织方法论 | 创立时间及创始人 |
| --- | --- | --- | --- |
| 突变论 | 研究从渐变到突变，并对突变现象建立数学模型，以及研究系统如何从无序到有序的演化所采取的方法论 | 自组织演化途径方法论 | 1972年，法国数学家托姆 |
| 超循环论 | 研究关于非平衡系统的自组织现象，分析组织系统如何利用变化中的各种物质、能量和信息流，使之能有效结合的方法 | 自组织结合发展方法论 | 1971年，联邦德国生物物理学家艾根 |
| 分形理论 | 分形理论描述的是不规则的部分与系统的整体之间的相似性，从而揭秘复杂系统之间内部结构 | 自组织结构方法论 | 1973年，法国数学家曼德勃罗 |

| 自组织理论 | 研究内容 | 自组织方法论 | 创立时间及创始人 |
|---|---|---|---|
| 混沌理论 | 研究系统走向自组织过程中的时间复杂性问题，进而找到了体系走向复杂性的根据和征兆 | 自组织演化方法论 | 1975 年，美国数学家约克 |
| 耗散结构理论 | 研究这种远离平衡的系统又是如何从无序走向有序的一种理论 | 自组织的创造条件方法论 | 1969 年，比利时物理学家普里高津 |
| 协同理论 | 研究的是一个远离平衡的开放系统如何通过内部协同，进而实现各子系统的有序结构 | 动力学方法论 | 1969 年，联邦德国物理学家哈肯 |

综上所述，这些理论从不同的视角对自组织展开研究，不仅丰富了现有的自组织理论体系结构，而且为自组织理论提供了不同的方法论，加深了我们对自组织的认知和理解，也对我们理解旅游企业集团的形成发展过程，从松散式无序管理逐渐走向协同管理提供了重要启示。

## （二）协同理论

虽然上文对协同学做了简要概述，但是鉴于本书的研究对象是企业协同，所以我们还是对协同理论展开了深入研究。协同学（Synergetics）源于希腊文，原意为"协调合作之学"。协同理论是由联邦德国理论物理学家哈肯于 20 世纪 70 年代创立的。协同理论研究的是一个远离平衡的开放的系统怎样通过内部协同，进而实现各子系统的有序结构。虽然开放系统千差万别，但各子系统之间存在相互影响而又相互合作的关系，达成系统内部各子系统间的协同作用。同时，协同学虽然来源于对非平衡态系统的有序结构研究，但又摆脱了经典热力学的限制，明确系统的稳定性和目的性的具体机制。赫尔曼·哈肯在前人研究成果的基础上，建立了处理非平衡相变的理论和方法，开创性地提出了这一理论。自此，协同学也成了一门独立的学科。协同理论其实就是关于协同学的理论。协同学是哈肯在研究激光系统时，无意中发现了系统中的自组织现象，进而开始对系统内部的协同展开研究而形成的。哈肯还发现，系统在相变之前，由于系统所构成的子系统之间没有形成合作关系，各自为政，杂乱无章，所以表现为无序状态。但是一旦系统达到相变点时，无论是平衡相变还是非平衡相变，内部的子系统好像得到某些"精灵"的指导，迅速建立合作，实现系统协同。因此，协同学就是这种通过子系统协同而实现系统有序结构的一种自组织理论。同时，哈肯也指出，当外参量增大到一定程度时，可以从有序到混乱，这又进一步扩大了协同学的研究范围。

可见，协同学的核心思想：有生命的或无生命的开放系统本身就是一个自组织。通过子系统之间的非线性的相互作用，系统达到协同和相干效应，进而实现由无序变为有序，由旧的结构变为新的结构。环顾我们身边的环境，既包括自然现象也包括社会现象，存在诸多千差万别的系统，但各个系统内部存在着相互影响而又相互协作的关系，这些都可以用协同学来加以探讨。协同学研究包括了不稳定原理、序参量原理、支配原理三个基本原理，三者间由于不稳定性而产生序参量，由于序参量的出现有了支配原理。序参量的协作与竞争也就决定系统如何从无序走到有序的深化过程。因此，协同学分析的是系统的协同现象、规律和作用，使系统实现协同获得系统整体的协同正效应，从而实现系统优化。协同学理论所阐明的系统中子系统的协同条件和规律，对我们所要研究的集团的协同有很强的指导和借鉴作用。

### （三）企业协同及其发展演变

#### 1. 企业协同概述

企业协同就是协同理论在企业的具体实践。美国学者伊戈尔·安索夫早在 20 世纪 60 年代就提出了协同的理念。1965 年，安索夫在其《公司战略》一书中首次提出了协同的概念，即企业的各独立部分在资源协同共享的基础上，在企业内部形成一种共生互长的关系，这就是我们所说的协同。不仅如此，安索夫还提出了协同战略的理念，即通过协同战略，将企业多元化业务像纽带一样与企业发展绑定在一起。企业可以通过寻求战略安排，有效配置资源，实现企业协同效应。此外，安索夫还把协同看作是企业的第四种战略要素之一。日本学者伊丹广之认为企业协同会产生两种效应，即"互补效应"和"协同效应"。对于企业而言，资源可分为实体资产和隐形资产两部分，实体资产包括企业的厂房、设备等，而隐形资产包括商标、专利技术和企业文化等。其中，实体资产会带来互补效应，而隐形资产会产生协同效应。

除此之外，其他学者也都纷纷从不同的视角对企业协同展开研究并提出各自的看法。英国学者安德鲁·坎贝尔和 K.S. 卢克斯提出了"2＋2＝5"的协同公式，认为企业的整体价值要大于各独立组成部分的价值总和。霍夫、斯卡奈德尔认为协同是各组成部分之间所达到的一种共同效应。罗伯特·巴泽尔和布拉德利·盖尔认为，协同是企业各组成部分的整体表现，而非各组成部分的简单加总。Rosa-beth Moss Kanter 提出实现协同的三个必要条件：即高层领导的信心和决心，奖赏和激励团队，内部的共同交流。Christopher Bartlett 和 Sumantra Ghosal 认为跨国公司可以通过企业之间在业务行为、技能、信息和知识等方面的共享实现协同效应。可以说，这些观点都是对企业协同比较好的尝试和有益的思考。

2. 企业协同发展演变

虽然企业协同提出较晚，但学者们对此的研究热情始终不减。目前企业协同已成为企业的共识。我们研究发现企业协同发展有两种变化趋势：

一是从静态协同到动态协同。安索夫所研究的协同效应其实就是一种静态协同，即对现有资源充分利用所产生的一种静态协同效应。对此，安索夫把协同当作企业战略四大要素即发展方向、产品市场规模、竞争优势、协同四个要素中的一个。同时，安索夫还认为协同有起步协同和运营协同之分。一般而言，企业进入新市场必须经历起步阶段和运营阶段。起步阶段，企业协同更多地强调为培育适应市场竞争力而付出更低的成本和更短的时间。相反，运营阶段的协同，强调依靠运营管理的有效性，实现降本增效。不管是起步协同，还是运营协同，都是当下所处的协同状态，这种协同更多的是一种静态分析下的协同。与之对应的就是动态协同。伊丹广之认为企业核心竞争力来源于企业的隐形资产，而这种协同效应是动态的，随着隐形资产的使用而发生变化。因此，伊丹广之的动态协同主要研究的是企业的核心竞争力，关注的是企业如何构建一个持续的核心竞争优势。这属于对企业资源的动态分析而形成的一种协同。总体来说，企业协同从静态到动态的变化也是对市场和资源的一种新的诠释。

二是从企业内部协同到企业外部协同。目前企业的竞争由内部对资源的竞争到外部供应链的协同竞争，因此，企业必须从企业内部业务单元的协同向企业之间的合作协同转变。安索夫认为实现多元化协同效应的企业的并购重组应控制在一个企业内部。对此，迈克尔·波特认为企业内在的业务协同才是企业取得竞争优势的根本来源，并将企业协同与战略业务单位结合，不仅提出了有关业务的价值链分析法，而且还指出业务单元存在的几种可能的关联性。其一是有形关联，即各业务单元在价值链中为实现共享取得竞争优势而做出的妥协性关联。其二是无形关联，强调的是围绕价值链而在各业务单元中形成的供应链管理能力与技能。竞争性关联是自己将各业务进行整合，形成自身的有形关联和无形关联。可以说这些都是局限在业务单元之间的协同。

后来，企业间的融合也开始受到企业的重视。企业协同研究开始延伸到企业之间合作的范畴。对此，哈默和普哈拉德认为，随着企业各种资源的不断挖掘和利用，企业的资源很容易被合作伙伴企业内部化。这就是我们所说的竞合，既有竞争，也有合作。合作双方相互学习，相互利用对方的资源和技能并为己所用。对此，企业协同开始上升到企业之间的协同。这种协同相对来说比较动态，不稳定。其终极目标就是为了提升企业的核心竞争力。

# 三、企业集团协同的研究综述

## （一）企业集团概述

企业集团（Business Group）是一种企业联合组织形式，也是市场经济发展的必然产物。企业集团之所以能出现，主要还是基于激烈的市场竞争，企业为了做大做强而不得不选择的结果。企业集团就是一些企业为了适应市场竞争，而主动地对企业内部组织架构进行调整，形成母子公司关系、产权纽带等多种形式的经济联合体。

企业集团这一术语起源于"二战"后的日本。1971 年，山田一郎就曾指出，企业集团是由成员企业为实现技术或某种经济技能的互补而自主结合在一起形成的经营结合体。1984 年，我国国家工商局将企业集团界定为以资本作为联结纽带，通过公司章程加以规范，由母子公司、参股公司、其他成员等共同构成的多法人联合体。Leff 认为企业集团是由一个在不同市场运营但在行政和财务上进行统一控制的公司群体。Granovetter 认为，企业集团是以某些正式或非正式方法捆绑在一起的公司集合。郭晓利认为，企业集团是以母公司或母子公司体制为主体，以资本关系为纽带，组成的多个法人的企业联合群体。到目前为止，蓝海林认为，企业集团尚无统一的界定，但有一点是毫无疑问的，那便是企业集团是一个法人联合体。综上所述，可以说，企业集团是以一家或多家实力强大的大型企业为核心，以资本、技术、品牌、人才等为纽带，并以产品、技术、契约等多种手段，把若干企业联结在一起，形成一个稳定的具有多层次结构的经济联合体。

## （二）企业集团协同的相关研究

随着企业集团的不断涌现，有关企业集团协同的研究也开始陆续出现。企业集团主要是通过集团内各子公司之间的有效协作，实现集团整体绩效大于各子公司绩效的简单加总，即实现集团整体战略上的"1+1>2"的协同效应。学者对此也有各自不同的看法。曾晓洋认为，企业集团协同在追求战略协同的情况下，也要考虑资源协同、业务协同和组织协同等一系列协同。陈明认为企业只有按资本经营原则协同行动，才能实现企业的协同经济。顾保国等认为企业集团具有企业集团的协同力，企业集团都在不断追求协同效应。

企业集团协同，一方面体现的是集团公司与成员企业各司其职，另一方面则体现为集团公司对成员企业的统一控制与管理。一般来说，企业集团的成员企业虽拥有各自名义的法人权，但还要在集团公司的统一管理和控制之下，从而实现"1+1>2"的集团协同效应。对于企业集团，向光明认为集团公司是企业集团的投资决策中心，而成员企业是企业集团的利润中心。一些学者从不同角度对企业集团协同纷纷展开研究。

1. 企业集团战略协同

这是公司战略层面的一个研究范畴，意思是指具有两个以上业务单元的公司在其长期的战略管理过程中，如何利用现有的技能、资源在公司内部形成自身的核心竞争力，并在各业务单元间经相互协同作用，进而实现公司的整体业绩提升的一种行为。战略协同的概念最早也是由安索夫提出的。前面我们已经提到，安索夫认为，协同也是企业的战略要素。通过多元化发展，对企业资源有效利用和整合，实现企业战略协同。不仅如此，波特也认为，为了应对市场竞争，企业积极寻求价值链发展，这本身就是一种战略协同。一般而言，战略协同是从战略高度而获得集团的协同效应。江孔辉等认为，企业集团战略协调主要分为整合层面和管控层面的两大协同。陈萍萍从我国企业集团的现状分析出发，不仅从战略协同系统视角展开研究，而且还构建了企业集团的战略协同系统。冯武峰等认为，企业协同会产生企业协同力。这些协同力来自企业内部、企业成员之间以及企业与外部环境等多个方面。对于战略协同的管控模式，葛晨分为资本型、平台型、行政型和参与型四种类型。而王钦则认为有财务型、战略型和经营型三种类型。

2. 企业集团资源协同

企业资源是指企业一切可用的资源，包括内部资源和外部资源。企业内部资源包括企业内部的人、财、物，即人力资源、原材料、资本等资源。而企业外部资源主要是企业外部可利用的资源，包括来自行业市场的资源和资本市场的资源等。根据资源基础理论，企业资源所涵盖的范围不一，有广义和狭义之分。狭义企业资源主要以 Amit、Schoemaker 等为代表，他们将企业资源定义为企业拥有或控制的有用的要素存量，通过与其他一系列广泛的资产和结合机制的作用，企业资源可以转化成最终产品或者服务。广义上的企业资源明确把能力也当成企业的一种资源。以 Wernerfelt、Barney 为代表的广义的企业资源认为，企业资源是一个相对宽泛的概念，包括与企业有关的所有要素与能力。伴随企业发展，企业资源要素也在不断演变。从最初的"资源"，到如今的"能力"，再到未来的"知识"，这些都被企业认为是非常重要的企业要素。

目前企业最主流的代表三个阶段的三种企业资源观，即第一阶段是企业资源基础论，第二阶段是企业能力理论，第三阶段是企业知识理论；三个不同阶段的企业资源观所强调的资源要素依次是"资源"、"能力"和"知识"。企业集团资源协同是企业集团以协同理论为指导思想，对企业集团系统内部的企业资源进行协作和整合，进而产生支配协同发展的序参量，使集团各种资源相互协调，从无序状态达到有序结构，真正实现企业集团的自组织状态。在企业集团资源协同中，集团各成员企业既要与集团的目标保持一致，还要根据各自的目标任务，实现一定的协作，并依靠各种形式的信息反馈实现协同有序结果。可以说，企业集团资源协同是系统论的思维模式，通过集团组织与协调，将企业集团内部各成员企业的原有彼此独立的资源，进行协同整合，优化资源配置，取得集团资源的协同效应，实现企业集团资源系统效应的目的，即所谓的"2+2>4"的效应。一般来说，企业资源协同就是企业集团通过对内部资源统一管理，采用资源共享、互补、替代等方式，实现企业集团资源从无序到有序的转变过程。

另外，还有学者从企业集团的人力资源协同角度展开研究。如许刚认为企业人力资源协同是指企业通过人力资源活动既降低成本又带来收益。孟执芳等认为人力资源协同是指人才协同和人力资源管理协同两大部分。还有的学者从企业集团财务协同角度进行分析。如傅元略认为企业集团财务上的协同主要体现为现金流的协同效应。根据现金流的去向，协同效应具体可分为投资现金流的协同和融资现金流的协同。韵江则从价值创造的视角对企业集团本质及其协同进行阐述。还有更多的学者从不同的角度对企业集团协同展开分析。如李一楠认为企业集团基于各知识系统之间的差异，产生了知识系统的协同。邹志勇则首次提出了企业集团协同能力这一概念。另外，应可福等将企业集团协同分为组织、业务、管理、信息等各方面的协同。

# 四、旅游企业集团协同管理的研究综述

## （一）旅游企业集团协同管理概述

我国旅游企业集团是在 20 世纪 70 年代末才开始出现的。随着改革开放 30 多年的发展，逐步在上海、北京等地开始出现地方性企业集团，如上海锦江、北京首旅等；从 20 世纪 90 年代开始形成了港中旅、中旅、中青旅乃至后来的华侨城集团等国家级旅游集团。伴随旅游企业集团的形成，相关的研究也开始多了起来。早在 1988 年，雷军在《旅游学刊》中发表《集团化——中国旅行社系统巩固和发展的必由之路》一文，可以说，这是我国首次正式提及旅游企业应该集团化发展。李立在现代旅游集团发展问题中指出，我国旅游企业集团的产生并不是偶然的现象，而是旅游业发展到一定水平的必然体现。郝索对旅游企业集团化进程中存在的问题进行分析，并提出了相应的对策。史常凯从旅游企业集团化扩张的动力和路径进行分析。孙睦优分析了我国旅游企业集团化发展的环境障碍，提出了具体的发展战略。陈雪钧、李莉从价值链角度将旅游企业成长模式分为价值链内部整合型、价值链横向延伸型、价值链纵向延伸型以及价值链多元延伸型。陈雪钧还专门对国内关于旅游企业集团研究展开过系统的文献综述。由此可见，旅游企业集团已经开始吸引到越来越多的专家和学者的关注。

然而，对于旅游企业集团协同管理，目前研究的专家和学者并不多。不过也有一些专家学者开始关注旅游企业集团的协同发展研究。1999 年，杜江、刘永友等学者曾在《旅游学刊》上从协同管理角度对我国旅行社经营模式进行研究。学者秦宇、董媛、徐雅等也曾对旅行社集团化发展进行研究，主要侧重于旅游企业如何规模化扩张，但对旅游集团内部如何有效协同管理，实现既做大又做强，仍没找到答案。2009 年，陈建立曾对港中旅旅行社板块并购后如何整合展开研究，从关键资源整合方面提出协同建议。熊晶、李玉国、游群林等都对旅游资源群进行过协同管理机制的研究，但没有从旅游企业集团角度研究协同管理的关键因素及管理机制。2013 年，葛绪锋以战略协同为视角分析旅游企业间的战略协同及其构建途径。杨志军曾研究港中旅协同管理的优化实践，也提出了从内部管理能力上加强，特别是内部信任关系建立、成员企业之间资源共享机制的建立等。

伴随市场经济的发展，旅游企业集团也如雨后春笋般地涌现出来。旅游企业集团既不同于一般的大型单体企业，也不像小企业组成的企业群，更不是如工业类产品那样由"供、产、销"构成非常紧密的价值链的综合体。旅游企业集团之所以追求集团内部协同管理，主要是希望在三个方面取得竞争优势。一是获得整体优势。通过集团协同，让各成员企业彼此分工协作，最终实现集团整体协同效应。许多学者研究认为，从旅游企业集团协同管理角度，在企业内部管理能力建设上要着重加强战略引导，强化组织协同，并建立内部信任机制和激励机制。二是优化配置资源。通过旅游企业集团成员的协同作业，可以为各成员企业的资源进行重新优化配置，进而实现资源的有效流动，获得更多的价值。因此，关键资源整合能力也就成为了协同管理的要素之一。三是企业集团激励效率。旅游企业集团更多的是法人联合体，集团内部各成员企业都是具有法人资格的经济实体，各企业包括成员企业和集团总部都必须自主经营，自负盈亏。从这个意义上说，协同管理应注意在盈利模式这个要素上进行创新，使各协同企业都能够从中受益，在更大程度上提高企业市场竞争的整体效率。虽然旅游企业集团实现协同管理，其效率众所周知，但由于旅游产品链条的松散性，协同不力的现象普遍存在。因此，加强旅游企业集团协同管理，提升旅游企业集团管理水平已成共识。许多旅游企业集团内部矛盾冲突明显，彼此互不信任，出现"集而不团、大而不强、管而不顺、运作艰难"的尴尬局面，协同管理难见成效。因此，旅游企业集团协同管理问题已成为一个亟待解决的现实问题。

## （二）旅游企业集团协同管理的驱动机理分析

### 1. 旅游企业集团协同管理的驱动要素

一是市场驱动。近三年来，我国旅游经济总体发展较快。我国旅游业"十二五"规划目标：到 2015 年，中国旅游业总收入将从目前的 1.44 万亿元提高到 2.3 万亿元，年均增长率 10%；旅游业增加值占 GDP 比重提高到 4.5%以上，占服务业增加值比重达到 12%以上。设定增长率最快的为国内旅游收入，将从 2010 年的 1.15 万亿元上升到 2015 年的 1.9 万亿元，年均增长率为 11%。而随着人们物质和文化需求的不断提升，对旅游的消费需求也不断提升，2013 年，中国的人均 GDP 已接近 7000 美元，这表明我国早已进入世界公认的旅游业爆发性增长阶段。旅游市场的现状已难以满足游客的需求，特别是人们对旅游体验的要求、旅游质量的保证、旅游安全和时间管理都有新需求，我国旅游市场成长潜力巨大。而通过协同管理满足游客服务需求是市场的内在要求。因此，市场是旅游企业协同管理的驱动因素之一。

二是文化驱动。从狭义上来说，文化是社会的意识形态以及与之相适应的组织机构与制度，而企业文化则是企业在生产经营活动中形成的，为全体员工所认同的、带有本企业特点的使命、愿景、宗旨、精神、价值观和经营理念，以及这些理念在实践活动、管理制度、员工行为与企业形象的具体体现的总和。每个企业在经营活动中都会形成某种文化观念和历史传统，形成共同的价值准则、道德规范，并体现为本企业的特色精神和物质形态，它包括文化观念、价值理念、企业精神、道德规范、行为准则、历史传统、企业制度、文化环境、企业产品和服务等。其中价值观是企业文化的核心。而协同管理是一个复杂的系统工程，绝不是简单的"1+1"就能够"大于 2"。要真正使不同利益要求、不同旅游企业历史背景、不同价值链的各环节能够形成强大的合力，必须要有一个使不同协同管理的企业都认同的企业文化。如果仅仅从利益需要把不同企业集合起来，而缺乏必要的文化价值基础，不同企业不同的文化背景就会产生冲突，协同管理的目标就有可能难以实现，就会使协同管理失败。

三是技术驱动。信息化是当今世界发展的趋势，是推动经济社会变革十分重要的力量。信息化的应用，能够支持架构扁平化、决策科学化、管理规范化、经营专业化和运作协同化，能够提高市场反应的速度，能够充分挖掘和利用客户价值、降低经营管理成本、提高发展质量、增强核心竞争力。在现代企业经营中，利用信息化可以有效支持业务的协同运作。信息化的不断发展进一步驱动了不同业务按照"统一标准、互相协调、资源共享、信息互通、形成集成"的原则进行业务协同，实现互利共赢。信息技术的应用也使旅游企业打造强大的旅游产品信息化交易平台，提供快捷、安全、优质服务成为可能。而建立一个具有先进管理理念、扁平管理架构、市场反应快速、管理成本节约的信息化管理和服务平台，一个给协同管理的内外合作方提供强大的硬件、软件、技术等 IT 资源的信息化资源共享平台对每个协同企业都有好处。但是，信息化建设是一项复杂的系统工程，信息化建设的推进，需要体制、组织架构、管理制度的再造和优化，需要固化管理流程和业务流程等。这必须有 IT 组织、制度、人员、资金、绩效、管控等方面的保障。

2. 旅游企业集团协同管理的驱动机理

市场、文化和信息技术是实现协同管理的三个驱动力。现代企业管理和技术的融合，推动了企业间的合作，也促进了产品和服务创新，同时增加了市场需求。在市场驱动方面，符合市场法则的运作机制是实现协同管理的前提条件，也是协同企业进行协同的外在动力。企业在激烈的市场竞争中，为了寻求竞争力优势，不至于被淘汰和边缘化，必然积极寻找合作方和合作途径。而新技术的应用使协同管理成为可能，提供了强大的技术支撑和平台。文化是协同管理的价值基础，它促使协调管理各方形成统一的认识，要实现协同必须建立共同的价值追求，这也是思想和行为的保证，是协同管理软环境的塑造。而协同管理最终能够成功，还是要通过市场的检验。协同管理必须是市场的需要，由市场来驱动。要通过协同，真正增强在市场上的竞争力，才有可能实现协同。这三种驱动力如图 2-1 所示。

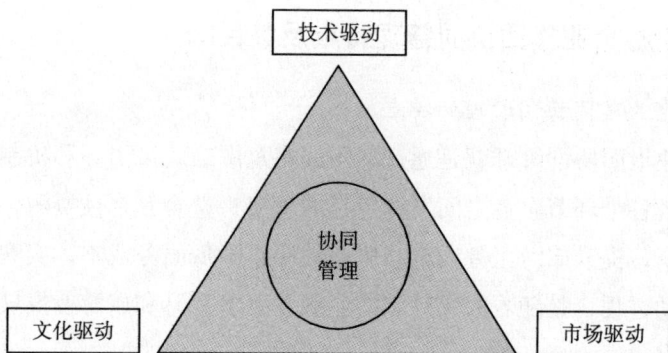

图 2-1　旅游企业集团协同管理的三大驱动力

3. 旅游企业集团协同管理的竞争优势

为什么旅游企业集团越来越重视协同管理？从分析中我们能够看出，旅游协同竞争优势具体体现在以下五个方面：

一是能够实现产品和服务的低成本战略。旅游产品通过协同资源和信息共享，会大大降低服务流程、服务时间和服务成本。这是消费者和经营者都愿意看到，并且同时驱动的结果。

二是能够保持较高的市场占有率。由于服务成本的降低，必然带来比竞争对手更低的服务价格，增加对游客的吸引力，提高市场占有率。实现这样的协同，也是经营者的利益驱动。

三是形成了一个旅游资源的集中供应平台。协同管理的实现，不仅吸引游客，更吸引广大的旅游资源供应商，他们都愿意利用这个平台来销售和推广自己的旅游产品和服务，也是经营者利益驱动所致。尤其是在市场竞争激烈的环境下，旅游资源供应商和生产商共生和共存的需要。

四是有利于在市场上树立优质品牌形象，提升效益。通过协同管理，实现旅游资源的集约化供应、管理和经营，会在市场上产生巨大的协同效应和集约效应，提升旅游资源的使用价值，最大限度地提高旅游资源的社会效益和经济效益。

五是整体上有利于旅游行业产品和服务品质的提升。通过实现协同管理，制定统一的旅游产品和服务标准，有利于保证旅游产品和服务的质量，产生良好的市场影响，从而提升整个旅游行业的服务品质。

从以上协同管理所产生的协同竞争优势看，协同管理，无论对于消费者来说，还是对于经营者来说都是有益的，也是政府监管部门喜闻乐见的。

## （三）旅游企业集团协同管理特点及其目的

### 1. 旅游企业集团协同管理的特点

旅游企业集团协同管理就是通过集团战略意图或政策引导和机制性安排，促进旅游价值链各个环节企业之间发挥各自的优势，整合互补性资源，实现优势互补，资源共享，提升旅游服务质量和服务效率，降低服务成本，实现集约化经营和服务的活动过程，是随着人民对旅游业服务要求提升和旅游业发展变化而产生的新的管理模式。

旅游企业集团协同管理的主要特点有以下四个方面：

第一，整体性。协同管理是旅游企业价值链各要素的有机结合，而不是简单的合作，其协同的方式、服务特征、管理目标都表现出一致性。

第二，衔接性。协同强调的不是同类企业的合作，而是突出旅游企业不同价值链之间的协作，是不同链条之间的有机衔接，顺畅运行。

第三，动态性。旅游协同管理系统是一个不断变化的系统，是信息、资源和技术不断变化，和外部不断交换、内部不断调整的过程。

第四，复杂性。组成旅游企业的价值链，不同于厂矿企业和简单生产加工企业的供产销循环，组成旅游协同管理的企业各自都是独立的法人实体和经营多种自身产品的单位，协同管理的各要素比较复杂多样，并且交互作用和依赖。

2. 旅游企业集团协同管理的目的

从国家层面看，目前仍然存在着行政区域性市场壁垒，不利于相关旅游要素在不同区域、不同行业、不同企业之间的流动，如图 2-2 所示。

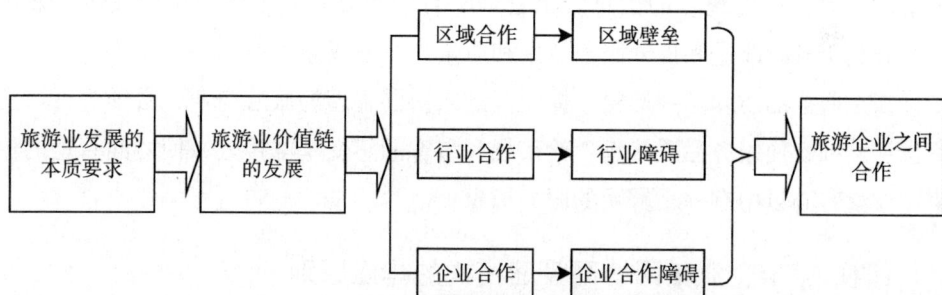

图 2-2 旅游业合作分析

旅游业要实现协同，客观上要求必须破除区域壁垒。旅游业活动区域广、范围宽，任何一个区域都难以在旅游价值链各方面都占有优势，在某一区域内建立完整的旅游产业链是难以实现的，因此需要不同区域发挥各自优势，构建跨区域的完整旅游产业链。

从集团化企业层面来看，比如港中旅，它是中国最大的旅游集团，其旅游要素覆盖"吃、住、行、游、娱、购"六个方面，涉及旅游产品包括观光景区、休闲度假区（温泉休闲和山地休闲）、旅行社、酒店、高尔夫、演艺、海陆客运、芒果网—电子旅游、Ootlet 九大产品要素。但各旅游企业彼此之间各自为政，大集团资源和规模优势没有充分发挥。中国内地还有一些类似的国有大型旅游企业，如华侨城、广东中旅、首旅集团、国旅、雅居乐等，海外从事旅游行业的有中信集团，还有国内民营企业如杭州宋城集团等。

无论是从集团层面进行旅游产业协同，还是从一个区域内进行旅游企业协同，协同管理的最终目的都要通过降低服务成本，优化服务流程，改善服务品质，实现旅游资源价值提升，实现经济效益和社会效益双提升。协同管理的具体目标：

一是实现旅游产业一体化运作。协同管理，必须要做到旅游价值链各环节统一市场规划推广、统一产品信息平台、统一 CRM 系统、统一采购管理、统一品牌质量要求。

二是要进行旅游服务标准和规范一体化。必须让游客在旅游企业不同价值链之间有同样的服务感受，不能有好有差，产生参差不齐的感觉，从而降低协同管理整体服务质量。

三是旅游信息资讯一体化。要实现协同管理，必须充分利用现代化的信息技术管理工具，搭建统一的信息资讯管理平台和服务管理平台，从而及时有效沟通，有利于及时改进和提升服务效率和质量，保证服务水平。

四是服务品质和品牌形象一体化。纳入协同管理的旅游企业，必须进行认真筛选和培训，使服务品质接近，给市场和游客的感受基本接近，使协同管理的价值链在游客心目中有一个鲜明的服务形象。

## （四）旅游企业集团协同管理模式的构建原则

旅游涉及的要素很多，旅游产品很多，旅游企业也很多，旅游涉及方方面面的诉求，如图 2-3 所示。

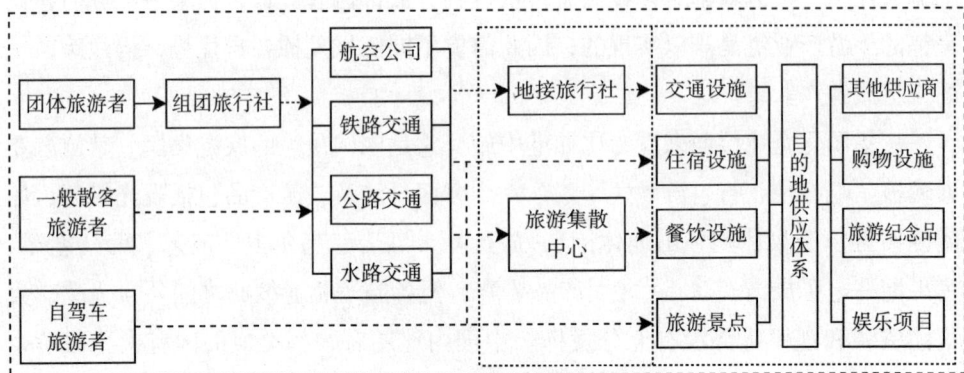

图 2-3 旅游涉及各方面诉求

传统旅游价值链是在信息网络化还比较落后的条件下形成并存在的。在传统价值链模式下，信息传递非常困难，成员间都是按约定俗成的惯例进行协作与配合。与此同时，旅游价值链上下线的信息传递过程，由于彼此信息的不对称，成员之间的沟通协作愈发困难，进而导致整体价值链的利益难以保证。甚至还会带来大型旅游中间商控制整个价值链的尴尬局面。传统旅游价值链示意图具体如图 2-4 所示。

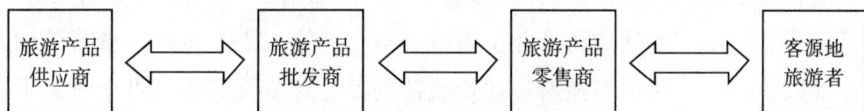

图 2-4　传统旅游价值链示意

而通过协同管理模式，可以有效克服传统旅游价值链管理的一些弊端。实现协同管理，绝不是"想当然"和"拉郎配"。要构建旅游协同管理模式，是在对市场和游客需求充分分析调研的基础上，是内外部条件都有利于协同管理，协同时机已经成熟，相关利益各方共同选择的结果。

协同管理模式构建一般要遵循以下原则：

第一，互补性原则。要有利于协同各方经济效益的提升，这是解决协同动机问题。如果没有互补性，作为不同利益主体，要实现协同是难以做到的。

第二，自觉性原则。协同管理必须是经营者自身利益所驱动，而不是政府有关部门或集团企业总部"强拉硬拽"。

第三，适应性原则。必须是适应市场变化，满足竞争环境变化的需要，是消费者和市场竞争的适应性选择。

第四，科学性原则。进行协同管理，无论是协同管理的构建，还是协同管理的方式方法，必须要进行充分调查研究，基于实证研究的结果作为协同管理的实施基础和依据。

# 五、研究评述

综上所述，旅游产业价值链和旅游企业集团协同管理正成为当前研究的热点，为此，本书先后对旅游产业价值链、企业协同理论、企业集团协同、旅游企业集团协同管理等分别进行研究综述。目前国内外学者在旅游产业价值链和企业集团协同方面的研究成果较多，可以说这为本书的研究奠定了一个良好的基础。但是对于旅游企业集团协同的研究成果则过于匮乏，还有待于后续研究。具体分析如下：

第一，对于旅游产业价值链的研究，可谓是当前的一大热点。对于旅游产业价值链，学者更多的是从旅游产业价值链的概念界定入手，对产业价值链构成及其特征加以分析，并进而对旅游产业价值链的核心环节及其各节点企业关系进行研究。可以说，对旅游产业宏观的价值链分析过于准确到位，但是对游客关注的旅游价值链本身还有待于加强，即如何定位满足游客需求而导引这一系列的旅游企业的介入才是价值链的关键。

第二，企业协同理论源于自组织理论和协同理论。自组织理论是一个理论群，包括协同理论。而协同理论是研究复杂开放系统的各子系统之间的关系。自组织理论和协同理论体系已经构建完备。而对于企业协同理论，相对来说还比较新颖，还尚未构成体系，自 20 世纪 60 年代的安索夫开始，虽然企业协同理论有一定的发展，但还是跟不上企业的实践需要。

第三，伴随企业集团的出现，企业集团协同研究也开始陆续出现。但总体研究不足，更多的是从各个角度进行阐述，如战略协同、资源协同等。此外，我们还专门对旅游企业集团协同管理展开研究，虽说目前研究不多，但还是做了简单综述。

# 六、本章小结

本章主要就旅游企业集团协同管理进行了系统的文献综述。通过对国内外学者关于旅游产业价值链和企业集团协同的相关文献的搜集和整理，对旅游产业价值链、企业协同理论、企业集团协同、旅游企业集团协同管理等进行了研究综述。首先，对旅游产业价值链概念界定、构成特征等进行说明；其次，就企业协同理论，从自组织理论、协同理论对企业协同理论进行阐述；再次，对企业集团协同和旅游企业集团协同管理分别进行阐述，重点结合市场变化与经济、技术及文化发展趋势提出旅游企业集团协同管理驱动要素、驱动机理，并就旅游企业集团协同管理的优势、特点及目标进行论述，指出了旅游企业集团协同管理的构建原则；最后，进行综合评述。可以说，本章为我们后续对旅游企业集团协同管理研究提供了坚实的理论基础。

# 第三章　旅游企业集团协同管理实证研究

## 一、研究方法概述

本书采用的是实证研究方法，严格按照格鲁特实证周期，通过观察（Observation），收集经验事实，形成假说；通过归纳（Induction），明确叙述假设；然后进行推论（Deduction），推论假设结果作为可测试的预测；接着进行测试（Testing），用实证材料测试假设；最后进行评估（Evaluation），测试结果正确与否。实证研究具有务实性与科学性两大特点，是定量与定性相结合的分析方法。同时，实证研究更注重在研究过程中面向具体工作实践研究现实问题。

近年来，旅游产业的蓬勃发展，形成了一批具有中国特色的旅游企业集团，如港中旅、国旅、中青旅、华侨城、首都旅游等旅游集团。旅游企业集团规模越来越大，对协同管理的要求也就越来越高。一般来说，旅游企业集团通过规模经济和范围经济可实现多种协同效应。笔者总结前人的研究成果，可归纳为集团内部规模协同、业务协同、人力资源协同、组织协同、财务协同、资产协同、信息协同、技术协同等，具体如图3-1所示。

为此，本书以旅游企业集团为研究对象，通过问卷调研、专家访谈、SPSS和 LISREL 分析等实证研究方法，对旅游企业集团协同管理进行了如下的研究设计。

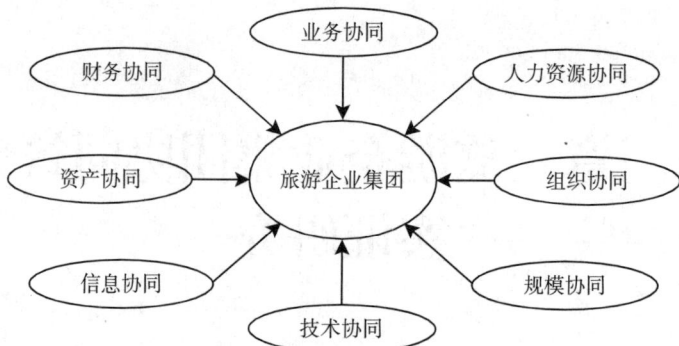

图 3-1　旅游企业集团的协同效应

# 二、研究设计

## （一）研究对象

本书以旅游上市公司——港中旅集团作为实证研究对象。考虑到港中旅集团是中国最大的旅游企业集团，也是亚洲排在前三名的旅游企业集团，集团内部旅游资源和要素齐全，产业链和价值链条完整，但集团协同管理仍存在一些问题，为此，本书展开如下实证研究。

根据研究课题所涉及的内容和问题，笔者对港中旅集团高层领导、职能部门主要管理人员、集团下属在北京、上海、西安、珠海、广州、深圳、中国香港、青岛、沈阳、赤壁等地旅行社、酒店、景区、度假区、客运、球会、芒果网等公司的高层管理人员及职能部门主要管理人员，以及集团上市公司——港中旅国际投资有限公司及下属公司高层管理人员、职能部门主要管理人员共 200 多人次进行了问卷调研，并对部分经验丰富的高管人员、旅游一线从业人员以及旅游界的有关专家进行了访谈。

## （二）研究假设

伴随企业做大做强的目标，企业集团越来越多的出现。但是规模扩张未必就能带来较强的竞争力，而这就离不开企业集团的协同绩效。为此，本书以国内知名的旅游企业集团——港中旅为研究对象，对旅游企业集团协同管理展开研究，运用 SPSS17.0 软件进行探索性因子分析，并对调研的问卷进行信度和效度的分析，同时，借助 LISREL8.7 软件进行验证性因子分析，并构建旅游企业集团协同管理的结构维度模型，基于此，本书提出了有待于验证的三大假设（见图 3-2）。

研究假设 H1：旅游企业集团协同管理主要受一些因素制约，如内部管理能力、战略引导、组织架构、资源整合、服务创新、盈利模式、技术创新等。

研究假设 H2：这些制约旅游企业集团协同管理的因素之间存在关联性。

研究假设 H3：旅游企业集团协同管理与旅游企业集团协同绩效之间存在极强的正相关关系。

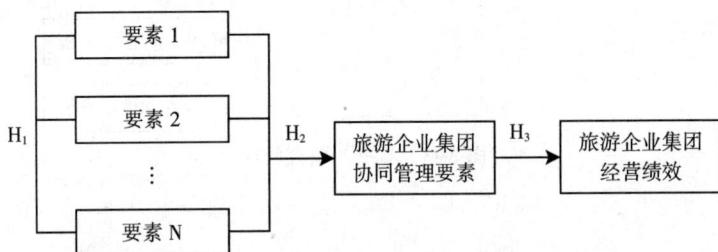

图 3-2　旅游企业集团协同管理的构成要素的三大假设

## （三）研究方法

本书主要采用了文献综述、开放式问卷、结构访谈以及"头脑风暴"等方法来广泛搜集项目，然后编制有关旅游企业集团研究的调查问卷，再选择抽取合适的样本施测，最后对问卷调查回收的数据采用探索性因子分析和验证性因子分析，并对问卷进行信度和效度分析，进而构建旅游企业协同管理结构维度模型。

## （四）研究程序

为了更好地开展此次实证研究，顺利推进和掌握每项工作情况，特制定具体的研究程序，如图 3-3 所示。

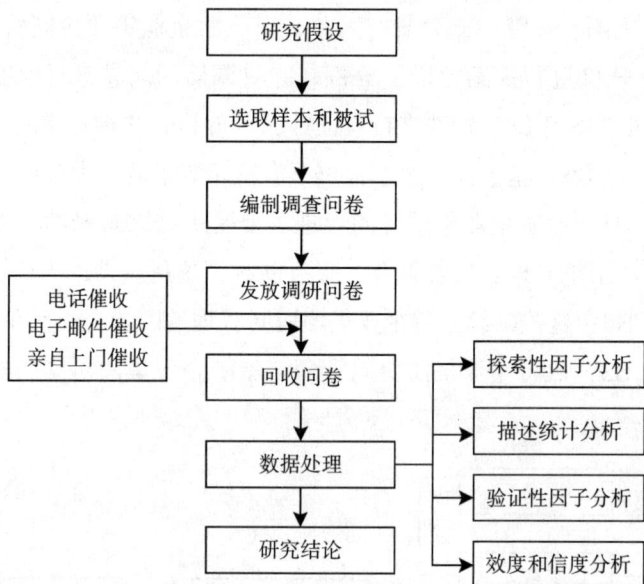

图 3-3　本书的研究程序

# 三、预试研究

## （一）问卷项目的搜集

在我国，目前形成了一批以港中旅集团、国旅集团、中青旅集团、华侨城旅游集团为代表的国资传统旅游集团，以及以北京首都旅游集团、上海锦江国际集团、广东岭南集团、杭州旅游集团等为代表的地方旅游企业集团。旅游企业集团要做大做强，自然就会碰到集团协同管理这一核心问题。目前相关研究还比较少。为此，我们主要通过以下多种途径来搜集此次的研究项目。

第一，文献综述法。通过查阅大量的国内外文献，在相关文献中寻找有关的项目，同时也搜集与企业集团协同管理有关的量表，在这些量表中选取合适的项目，并对搜集到的项目进行分析整理。特别是结合本书第二章相关文献综述部分提到的文献内容归纳整理有关项目。

第二，专家访谈法。通过与多位集团高管进行专家访谈（包括集团总部、集团下属分公司高层管理人员等），询问他们"企业集团要开展集团协同应从哪些要素下手为好"、"在集团方面，你认为哪些要素是最为重要的"，最后，对专家访谈的结果进行整理，从中收集部分项目。

第三，开放式问卷调查法；先后两次对港中旅集团高层领导，职能部门主要管理人员，集团下属旅行社、酒店、景区、度假区、客运、球会、芒果网等公司的高层管理人员及职能部门主要管理人员，以及集团上市公司——港中旅国际投资有限公司及下属公司高层管理人员、职能部门主要管理人员共200多人次进行了问卷调研，同时也访问了国家旅游局有关领导、旅游业界有关专家，访问人员涉及区域有中国香港、深圳、广州、珠海、北京、西安、青岛、沈阳、杭州等地旅游从业人士。问卷从集团协同角度，讨论实现集团有效协同管理最重要的因素。半结构开放式问卷的结果统计如表3-1所示。

表3-1　半结构开放式问卷频次统计结果

| | | | |
|---|---|---|---|
| 战略引导 30 | 组织协同 24 | 资源协同 28 | 管理协同 22 |
| 研发协同 16 | 制度协同 8 | 商务协同 5 | 文化协同 12 |
| 知识协同 13 | 服务协同 15 | 信任机制 12 | 财务协同 8 |
| 信息协同 13 | 能力协同 4 | 营销协同 5 | 人力资源协同 13 |
| 集团品牌 2 | 目标协同 3 | 流程协同 8 | 创新协同 7 |
| 信息系统 4 | 机制协同 8 | 采购协同 4 | 盈利模式 16 |
| 客户资源 9 | 资本协同 12 | 契约协同 9 | 服务创新 8 |
| 特色服务 4 | 价值创造 4 | 组织结构 11 | 领导方式 8 |
| 供应商伙伴关系 1 | 物流管理 1 | 成本结构 7 | 柔性管理 1 |
| 创业精神 1 | 企业家 1 | 风险管理 6 | 授权与分权 1 |

通过上述三个途径，总共收集到项目达到40条，通过对项目的分析和整理，最终保留37条项目，并将这些条目随机编排顺序，最后编制成旅游企业集团协同管理研究的初始问卷（见附录一）。

## （二）预试与项目分析

第一，预试。

预试被试选用港中旅集团总部及中国香港、深圳、广州、珠海、北京、西安、青岛、沈阳、杭州等地港中旅企业工作人员，其中包括港中旅集团等公司。共发放问卷300份，收回有效问卷211份，回收率为70%。有效的被试情况如

表 3-2 所示。

表 3-2　预试调查的被试样本分布表（N=211）

| 变量 | | 人数（人） | 百分比（%） |
|---|---|---|---|
| 公司性质 | 母公司 | 148 | 70.1 |
| | 子公司 | 63 | 29.9 |
| 为公司服务的时间 | 1 年以下 | 23 | 10.9 |
| | 1~3 年 | 43 | 20.4 |
| | 3~10 年 | 50 | 23.7 |
| | 10~20 年 | 52 | 24.6 |
| | 20 年以上 | 43 | 20.4 |
| 学历 | 高中或中专 | 4 | 1.9 |
| | 大专 | 31 | 14.7 |
| | 本科 | 93 | 44.1 |
| | 研究生及以上 | 83 | 39.3 |
| 职务 | 中层管理者 | 140 | 66.4 |
| | 高层管理者 | 71 | 33.6 |

第二，项目分析。

利用 SPSS 17.0 软件，对初始问卷进行项目分析。首先，对调查问卷进行描述性统计分析，得出均值和标准差（见表 3-3）；其次，对项目进行相关分析，得出样本的相关系数 r 值；最后，利用独立样本 T 检验，得出 T 值。通过以上分

表 3-3　对预试问卷的描绘统计（N=211）

| 项目 | 均值 | 标准差 | 项目 | 均值 | 标准差 | 项目 | 均值 | 标准差 |
|---|---|---|---|---|---|---|---|---|
| Q1 | 4.32 | 0.798 | Q13 | 4.26 | 0.724 | Q25 | 3.88 | 0.851 |
| Q2 | 4.19 | 0.784 | Q14 | 3.80 | 0.874 | Q26 | 3.85 | 0.947 |
| Q3 | 3.89 | 0.782 | Q15 | 3.92 | 0.861 | Q27 | 3.59 | 0.954 |
| Q4 | 4.05 | 0.815 | Q16 | 3.85 | 0.871 | Q28 | 3.73 | 0.910 |
| Q5 | 3.86 | 0.848 | Q17 | 3.93 | 0.845 | Q29 | 3.85 | 0.880 |
| Q6 | 3.86 | 0.951 | Q18 | 3.82 | 0.932 | Q30 | 3.84 | 0.937 |
| Q7 | 4.24 | 0.724 | Q19 | 3.88 | 0.921 | Q31 | 3.86 | 0.810 |
| Q8 | 4.21 | 0.789 | Q20 | 3.79 | 0.843 | Q32 | 3.96 | 0.739 |
| Q9 | 4.23 | 0.716 | Q21 | 3.87 | 0.882 | Q33 | 3.98 | 0.777 |
| Q10 | 4.27 | 0.696 | Q22 | 3.91 | 0.846 | Q34 | 3.99 | 0.781 |
| Q11 | 4.23 | 0.729 | Q23 | 3.98 | 0.834 | Q35 | 4.09 | 0.715 |
| Q12 | 4.24 | 0.719 | Q24 | 3.97 | 0.889 | Q36 | 4.18 | 0.714 |
| | | | | | | Q37 | 4.18 | 0.760 |

析，预试问卷的 37 个条目的相关系数以及独立样本的 T 检验都已达到显著的要求，因此这 37 个条目我们全都保留下来。

第三，探索性因子分析。

利用 SPSS17.0 软件，我们对预试问卷的数据进行了 KMO 检验和 Bartlett 球形检验，以判断是否适合做探索性因子分析。根据 Kaiser 的标准，KMO 值在 0.6 以上的数据即适合做因子分析。本预试问卷的 KMO 值为 0.937，同时 Bartlett 球形检验 Sig=0.000<0.01（见表 3–4），这表明预试数据适合做因子分析。

表 3–4　因子分析的可行性检验

| 取样足够度的 Kaiser-Meyer-Olkin 度量 | | 0.937 |
|---|---|---|
| Bartlett 的球形度检验 | 近似卡方 | 6742.036 |
| | df（自由度） | 666 |
| | Sig.（显著性水平） | 0.000 |

经过主成分分析法，我们对预试数据采用抽取因子方法，并通过选择最大正交旋转方式，选取特征值条件为大于 1，而因素负荷水平在 0.40 以上等，得到了四个因子，其所代表的方差解释率为 67.140%。具体情况如表 3–5、表 3–6 所示。

表 3–5　各个因子的特征值和方差的解释率

| 因子 | 初始的特征值 | | | 提取的平方和载入 | | | 旋转的平方和载入 | | |
|---|---|---|---|---|---|---|---|---|---|
| | 合计 | 方差（%） | 累计 | 合计 | 方差（%） | 累计 | 合计 | 方差（%） | 累计 |
| 1 | 17.287 | 46.722 | 46.722 | 17.287 | 46.722 | 46.722 | 10.461 | 28.273 | 28.273 |
| 2 | 4.204 | 11.363 | 11.363 | 4.204 | 58.085 | 58.085 | 5.380 | 14.542 | 42.815 |
| 3 | 1.842 | 4.978 | 63.063 | 1.842 | 4.978 | 63.063 | 4.460 | 12.595 | 55.410 |
| 4 | 1.508 | 4.077 | 67.140 | 1.508 | 4.077 | 67.140 | 4.340 | 11.729 | 67.140 |
| 5 | 0.987 | 2.669 | 69.808 | | | | | | |
| 6 | 0.877 | 2.371 | 72.180 | | | | | | |
| 7 | 0.730 | 1.972 | 74.151 | | | | | | |
| 8 | 0.679 | 1.835 | 75.987 | | | | | | |
| 9 | 0.660 | 1.783 | 77.770 | | | | | | |
| 10 | 0.616 | 1.665 | 79.435 | | | | | | |
| 11 | 0.562 | 1.520 | 80.955 | | | | | | |
| 12 | 0.519 | 1.402 | 82.357 | | | | | | |
| 13 | 0.479 | 1.295 | 83.652 | | | | | | |
| 14 | 0.458 | 1.237 | 84.889 | | | | | | |
| 15 | 0.430 | 1.163 | 86.052 | | | | | | |

| 因子 | 初始的特征值 | | | 提取的平方和载入 | | | 旋转的平方和载入 | | |
|---|---|---|---|---|---|---|---|---|---|
| | 合计 | 方差（%） | 累计 | 合计 | 方差（%） | 累计 | 合计 | 方差（%） | 累计 |
| 16 | 0.424 | 1.146 | 87.199 | | | | | | |
| 17 | 0.394 | 1.064 | 88.263 | | | | | | |
| 18 | 0.389 | 1.053 | 89.315 | | | | | | |
| 19 | 0.377 | 1.019 | 90.334 | | | | | | |
| 20 | 0.336 | 0.908 | 91.243 | | | | | | |
| 21 | 0.325 | 0.877 | 92.120 | | | | | | |
| 22 | 0.300 | 0.811 | 92.931 | | | | | | |
| 23 | 0.281 | 0.760 | 93.691 | | | | | | |
| 24 | 0.253 | 0.685 | 94.376 | | | | | | |
| 25 | 0.243 | 0.656 | 95.032 | | | | | | |
| 26 | 0.231 | 0.624 | 95.655 | | | | | | |
| 27 | 0.216 | 0.583 | 96.238 | | | | | | |
| 28 | 0.210 | 0.567 | 96.805 | | | | | | |
| 29 | 0.194 | 0.525 | 97.330 | | | | | | |
| 30 | 0.171 | 0.462 | 97.792 | | | | | | |
| 31 | 0.161 | 0.434 | 98.226 | | | | | | |
| 32 | 0.150 | 0.405 | 98.631 | | | | | | |
| 33 | 0.128 | 0.345 | 98.976 | | | | | | |
| 34 | 0.110 | 0.296 | 99.272 | | | | | | |
| 35 | 0.103 | 0.279 | 99.552 | | | | | | |
| 36 | 0.084 | 0.227 | 99.779 | | | | | | |
| 37 | 0.082 | 0.221 | 100.00 | | | | | | |

表 3-6　旋转后的因子负荷及公因子方差

| 项目 | 因素 1 | 因素 2 | 因素 3 | 因素 4 | 共同度 |
|---|---|---|---|---|---|
| Q26 | 0.806 | | | | 0.767 |
| Q24 | 0.803 | | | | 0.731 |
| Q30 | 0.779 | | | | 0.726 |
| Q27 | 0.773 | | | | 0.657 |
| Q23 | 0.739 | | | | 0.712 |
| Q22 | 0.738 | | | | 0.753 |
| Q25 | 0.728 | | | | 0.754 |
| Q28 | 0.720 | | | | 0.616 |
| Q18 | 0.711 | | | | 0.609 |
| Q21 | 0.707 | | | | 0.678 |
| Q19 | 0.697 | | | | 0.662 |

| 项目 | 因素 1 | 因素 2 | 因素 3 | 因素 4 | 共同度 |
|---|---|---|---|---|---|
| Q29 | 0.697 | | | | 0.581 |
| Q20 | 0.693 | | | | 0.642 |
| Q14 | 0.686 | | | | 0.600 |
| Q15 | 0.678 | | | | 0.674 |
| Q17 | 0.616 | | 0.501 | | 0.681 |
| Q16 | 0.608 | | | | 0.648 |
| Q9 | | 0.861 | | | 0.808 |
| Q7 | | 0.804 | | | 0.695 |
| Q8 | | 0.795 | | | 0.679 |
| Q10 | | 0.782 | | | 0.672 |
| Q11 | | 0.747 | | | 0.650 |
| Q13 | | 0.711 | | | 0.639 |
| Q12 | | 0.706 | | | 0.646 |
| Q5 | | | 0.768 | | 0.667 |
| Q2 | | | 0.761 | | 0.690 |
| Q4 | | | 0.752 | | 0.777 |
| Q3 | | | 0.710 | | 0.580 |
| Q1 | | | 0.624 | | 0.519 |
| Q6 | 0.565 | | 0.620 | | 0.738 |
| Q33 | | | | 0.718 | 0.703 |
| Q32 | | | | 0.705 | 0.674 |
| Q31 | | | | 0.694 | 0.642 |
| Q34 | | | | 0.684 | 0.700 |
| Q36 | | | | 0.677 | 0.600 |
| Q35 | 0.317 | 0.369 | 0.312 | 0.557 | 0.644 |
| Q37 | 0.399 | 0.433 | | 0.529 | 0.629 |

注：下划线为删除项目。

从表 3-5、表 3-6 可以看出，第一次的调查结果显示，总的方差解释率较高，而且共同度基本达到要求。但是在项目 Q6、Q17、Q35、Q37 上出现了双重负荷，因此，删除上述四项。同时对问卷进行再次修改，增加、合并了部分项目，修改了有歧义的项目，最后得到 33 个项目作为正式调查问卷项目（见附录二）。

## （三）研究结论

通过对预试问卷进行探索性因素分析，对旅游企业集团协同管理问卷项目再次修改，最后锁定了 33 个问卷项目，并按照随机排列的方式，编制出一份新的旅游集团协同管理正式问卷。

# 四、正式研究

## （一）被试

正式问卷的被试，我们选取的是抽样方法，先后对港中旅集团深圳、珠海等地的旅行社、各旅游景区的中高层管理人员进行纸质和电子两种途径的问卷调查。此次共计发放了正式问卷 250 份，其中，收回有效问卷为 211 份，有效回收率为 84.4%。

具体有关被试情况如表 3-7 所示。

表 3-7　正式问卷调查的被试样本分布（N=211）

| 变量 | 母/子公司 | 人数（人） | 百分比（%） |
|---|---|---|---|
| 公司性质 | 母公司 | 80 | 37.9 |
| | 子公司 | 131 | 62.1 |
| 为公司服务的时间 | 1 年以下 | 14 | 6.6 |
| | 1~3 年 | 21 | 10.0 |
| | 3~10 年 | 39 | 18.5 |
| | 10~20 年 | 47 | 22.3 |
| | 20 年以上 | 90 | 42.6 |
| 学历 | 高中或中专 | 1 | 0.5 |
| | 大专 | 17 | 8.1 |
| | 本科 | 73 | 34.6 |
| | 研究生及以上 | 120 | 56.8 |
| 职务 | 中层管理者 | 47 | 22.3 |
| | 高层管理者 | 164 | 77.7 |

在上述的样本数据中，有两项重要的基本信息：一个是公司性质，另一个是所在职位。在所调查的对象中，从属于母公司的有 80 人，占所抽样本的 38%，而子公司的代表有 131 人，占样本的 62%。具体分布情况如图 3-4 所示。

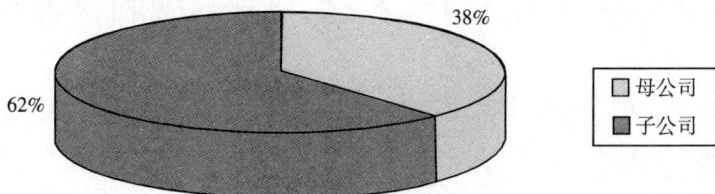

**图 3-4  调查样本的公司性质分布**

对于所调查的职位，以中层管理者为主，高达 78%，另外就是高层管理者，占 22%。具体分布情况如图 3-5 所示。

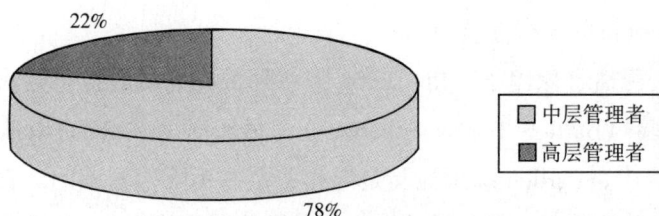

**图 3-5  调查样本的所在职位分布**

至于多少样本数量才是最适宜的，目前尚无定论。不过样本数量尽量多些，相对来说，因子分析的可靠性也就相对高些。多数学者普遍认同："因子分析要有可靠的结果，受试样本数要比量表题项数还多。"由此可见，样本数量还是多点为宜。根据 Gorsuch（1983）的观点：测验项与受试者的比例最好为 1∶5；受试总样本数不得少于 100 人。对照这一标准条件，我们此次问卷调查的测量项共有 33 个项目，调查的样本数为 211 人，可以说同时符合以上两个要求，此次样本数量已经达到要求。

## （二）探索性因子分析

因素分析方法（Factor Analysis），又称因子分析方法，它是一种从变量群中提取共性因子的统计方法，也是多元统计分析中降维的一种方法。因子分析法是从为数众多的可观测的变量中概括和推论出少数的最基本的维度，将一些具有错综复杂关系的诸多变量归结为少数几个不相关的综合因子的一种方法。可以说，通过因子分析，将相关性较高的变量归为一类，而不同类变量的相关性就自然较低，这样，这些不相关类变量组就是我们所说的公共因子。通过公共因子，我们可以构建起因变量与自变量之间的关系模型，最后也就揭示出事物之间最原始最本质的联系。

一般来说，因子分析方法共有两类，一类是探索性因子分析（EFA），而另一类是验证性因子分析（CFA）。探索性因子分析不事先假设因子与观测项之间的关系，而让数据"自己说话"，其典型方法就是主成分分析。而验证性因子分析就是对探索出的几大因子进行验证，假设因子与测量项的关系是部分知道的，即哪个测量项对应于哪个因子，只是尚且不知道具体的系数而已。本书首先采用的就是探索性因子分析的方法，其目的是用少量因子代替多个原始变量，根据上述的问卷调研数据，主要探索性分析出旅游企业集团的主要制约要素。

第一，因子分析的可行性检验。

对于变量是否适合做因子分析，SPSS 有两种最为简便的检验方法。一种是 Bartlett 球形检验（Bartlett Test of Sphericity），另一种是 KMO（Kaiser-Meyer-Olkin）检验。其中，Bartlett 球形检验是以相关系数矩阵为基础的。它的零假设相关矩阵是一个单位阵，即相关系数矩阵对角线的矩阵均为 1，所有非对角线上的元素均为 0。只有统计结果拒绝零假设时，方可使用因子分析。一般来说，KMO 的取值范围介于 0 到 1。KMO 的值如果越接近于 1，就意味着变量间相关性较强，即所有变量之间的简单相关系数平方和远远大于偏相关系数平方和，因此原有变量比较适合做因子分析。KMO 的值如果越小，并且接近于 0 的话，变量间的相关性越弱，则越不适合做因子分析。此次调研的因子分析的可行性检验如表 3-8 所示。

表 3-8　因子分析的可行性检验

| 取样足够度的 Kaiser-Meyer-Olkin 度量 | | 0.931 |
| --- | --- | --- |
| Bartlett 的球形度检验 | 近似卡方 | 5715.01 |
| | df（自由度） | 528 |
| | Sig.（显著性水平） | 0.000 |

统计学家 Kalser 还给出常用的 KMO 的度量标准，KMO 在 0.9 以上，非常适合；0.8~0.9，很适合；0.7~0.8，适合；0.6~0.7，不太适合；0.5~0.6，很勉强；

0.5 以下则不适合。而此处的 KMO 为 0.931，则表示非常适合进行因子分析。与此同时，从 Bartlett 球形检验的 Q2 值为 5715.01，自由度（df）为 528，显著性水平 P=0.000<0.01，这也通过了显著性检验，表示适合进行因子分析。

第二，因子提取。

一般来说，基于主成分模型的主成分分析法、基于因子分析模型的主轴因子分析法、最小二乘法、极大似然法等都可以用来确定因子变量。不过目前用得最多的还是主成分分析法。关于因子变量的提取，也有不同的参照标准。学者 Kaise 认为，选取特征值大于 1 的因素。而学者 Cattle 则认为特征值图形的碎石图检验，即以碎石图的走势作为因子变量提取的标准。为此，本书运用 SPSS17.0 统计软件对上述项目的调查数据进行因子提取，确定因子数目。判断方法是观测测量指标中，特征值大于 1 的个数为应提取的因子数目，并辅助以碎石图的走势图来加以验证。

在因子提取和因子旋转结果中，方差贡献率（也就是特征值）往往成为衡量因子重要程度的指标。因此，采用主成分分析法，提取特征值大于 1 的因子。对于旅游企业集团协同管理研究而言，其解释的总方差如表 3-9 所示。

表 3-9　旅游企业集团的主成分分析

| 因子 | 初始特征值 | | | 旋转负荷平方和 | | |
| --- | --- | --- | --- | --- | --- | --- |
| | 合计 | 方差（%） | 累计 | 合计 | 方差（%） | 累计 |
| 1 | 15.229 | 46.148 | 46.148 | 9.896 | 29.987 | 29.987 |
| 2 | 3.893 | 11.797 | 57.945 | 5.093 | 15.432 | 45.419 |
| 3 | 1.758 | 5.329 | 63.274 | 3.775 | 11.438 | 56.857 |
| 4 | 1.413 | 4.282 | 67.556 | 3.531 | 10.699 | 67.556 |
| 5 | 0.893 | 2.706 | 70.262 | | | |
| 6 | 0.835 | 2.531 | 72.793 | | | |
| 7 | 0.667 | 2.021 | 74.814 | | | |
| 8 | 0.627 | 1.899 | 76.71 | | | |
| 9 | 0.617 | 1.870 | 78.584 | | | |
| 10 | 0.572 | 1.735 | 80.319 | | | |
| 11 | 0.505 | 1.530 | 81.849 | | | |
| 12 | 0.459 | 1.391 | 83.240 | | | |
| 13 | 0.451 | 1.367 | 84.607 | | | |
| 14 | 0.444 | 1.347 | 85.954 | | | |
| 15 | 0.424 | 1.283 | 87.238 | | | |
| 16 | 0.396 | 1.200 | 88.438 | | | |

| 因子 | 初始特征值 | | | 旋转负荷平方和 | | |
|---|---|---|---|---|---|---|
| | 合计 | 方差的（%） | 累计 | 合计 | 方差的（%） | 累计 |
| 17 | 0.383 | 1.161 | 89.597 | | | |
| 18 | 0.361 | 1.094 | 90.691 | | | |
| 19 | 0.338 | 1.025 | 91.716 | | | |
| 20 | 0.323 | 0.979 | 92.695 | | | |
| 21 | 0.290 | 0.878 | 93.573 | | | |
| 22 | 0.258 | 0.782 | 94.355 | | | |
| 23 | 0.254 | 0.770 | 95.125 | | | |
| 24 | 0.225 | 0.683 | 95.808 | | | |
| 25 | 0.220 | 0.666 | 96.474 | | | |
| 26 | 0.205 | 0.621 | 97.095 | | | |
| 27 | 0.182 | 0.553 | 97.648 | | | |
| 28 | 0.176 | 0.533 | 98.181 | | | |
| 29 | 0.161 | 0.487 | 98.668 | | | |
| 30 | 0.136 | 0.412 | 99.080 | | | |
| 31 | 0.120 | 0.363 | 99.443 | | | |
| 32 | 0.101 | 0.306 | 99.749 | | | |
| 33 | 0.083 | 0.250 | 100.00 | | | |

正如表3-9所示，有4个因子的特征值均大于1，而且前4个因子的累积方差解释达到67.556%。由此可见，提取的这4个因子，基本能满足要求。与此同时，从碎石图（见图3-6）中，我们也可以清晰地看到，前4个因子的波动起伏较大，从第5个因子开始，直至第33个因子，碎石图的趋势日渐平缓，因此，根据碎石图的规则，可提取4个因子，这刚好又印证了主成分分析的结论。因

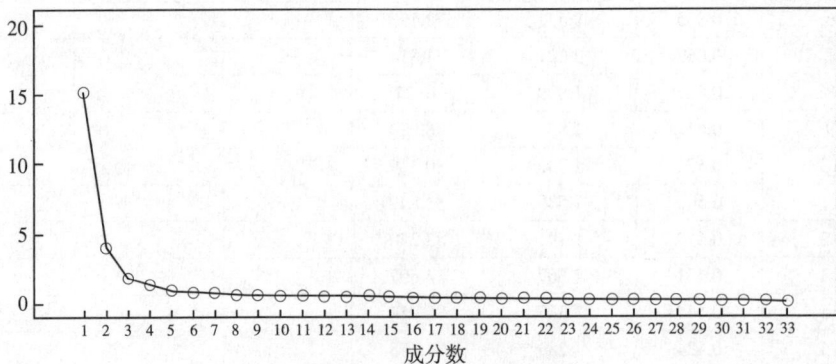

**图3-6 旅游企业集团碎石图**

此，综合 Kaiser 的准则标准和 Cattle 碎石图检验，本书认为：旅游企业集团协同管理可以考虑提取四个因子，是比较合理的。

第三，因子命名。

通过因子分析降维，利用最大方差法，对因子矩阵加以旋转，旋转后的因子负荷及公因子方差如表 3–10 所示。其中，各因子的因子负荷均在 0.40 以上，公因子方差都在 0.500 以上，公因子较好地解释了观测变量的变异。同时，本次研究的因子累计方差解释率为 67.556%，可以说明此问卷具有良好的结构效度。

表 3–10 进行旋转后因子负荷和公因子方差

| 项目 | 因素 1 | 因素 2 | 因素 3 | 因素 4 | 共同度 |
|------|-------|-------|-------|-------|-------|
| Q22 | 0.818 | | | | 0.740 |
| Q24 | 0.818 | | | | 0.770 |
| Q28 | 0.792 | | | | 0.731 |
| Q25 | 0.774 | | | | 0.654 |
| Q21 | 0.757 | | | | 0.716 |
| Q20 | 0.749 | | | | 0.752 |
| Q26 | 0.729 | | | | 0.616 |
| Q19 | 0.716 | | | | 0.683 |
| Q16 | 0.712 | | | | 0.590 |
| Q17 | 0.711 | | | | 0.663 |
| Q27 | 0.704 | | | | 0.678 |
| Q13 | 0.701 | | | | 0.591 |
| Q18 | 0.699 | | | | 0.647 |
| Q20 | 0.693 | | | | 0.752 |
| Q14 | 0.691 | | | | 0.677 |
| Q8 | | 0.864 | | | 0.812 |
| Q6 | | 0.811 | | | 0.699 |
| Q7 | | 0.797 | | | 0.680 |
| Q9 | | 0.781 | | | 0.661 |
| Q10 | | 0.747 | | | 0.651 |
| Q11 | | 0.716 | | | 0.649 |
| Q12 | | 0.712 | | | 0.646 |
| Q2 | | | 0.785 | | 0.735 |
| Q5 | | | 0.755 | | 0.662 |
| Q4 | | | 0.733 | | 0.767 |
| Q3 | | | 0.715 | | 0.602 |
| Q1 | | | 0.659 | | 0.571 |
| Q31 | | | | 0.727 | 0.720 |

续表

| 项目 | 因素 1 | 因素 2 | 因素 3 | 因素 4 | 共同度 |
|------|--------|--------|--------|--------|--------|
| Q29 | | | | 0.716 | 0.683 |
| Q30 | | | | 0.708 | 0.689 |
| Q32 | | | | 0.651 | 0.681 |
| Q33 | | | | 0.639 | 0.574 |

根据上述分析结果，协同管理问卷项目可归为 4 大因子，分别命名如下：因子 1 可命名为"内部管理能力"，主要涉及企业集团内部管理，包括 Q13~Q28，也就是共同指向"内部管理能力"的因子主要包括战略引导、组织协同、管理协同、流程协同、机制协同、信任机制等 16 个项目。因子 2 可命名为"关键资源整合"，包括 Q6~Q12，共同指向"关键资源整合"的因子主要包括产品市场、人力资源、客户资源、营销协同、能力协同等共 7 个项目。因子 3 可命名为"盈利模式"，包括 Q1~Q5，共同指向"盈利模式"的因子有 5 个，主要包括盈利模式、资本、成本等。因子 4 可命名为"服务创新"，包括 Q29~Q33，共同指向"服务创新"的因子有 5 个，主要包括文化、客户关系、特色服务等。

同理，我们还对旅游企业集团经营绩效展开相似研究，得出旅游企业集团经营绩效的主成分分析表（见表 3-11）和碎石图（见图 3-7）。

从经营绩效主成分分析表中可以看出，只有一个特征值大于 1，且累计方差解释达 65.073%；与此同时，从图 3-7 中碎石图的走势也可以再次验证只有一个因子可以提取。

表 3-11　旅游企业集团经营绩效的主成分分析

| 因子 | 初始特征值 | | | 旋转负荷平方和 | | |
|------|------|--------|------|------|--------|------|
| | 合计 | 方差（%） | 累计 | 合计 | 方差（%） | 累计 |
| 1 | 5.206 | 65.073 | 65.073 | 5.206 | 65.073 | 65.073 |
| 2 | 0.664 | 8.296 | 73.369 | | | |
| 3 | 0.551 | 6.883 | 80.253 | | | |
| 4 | 0.460 | 5.749 | 86.002 | | | |
| 5 | 0.393 | 4.916 | 90.917 | | | |
| 6 | 0.294 | 3.678 | 94.595 | | | |
| 7 | 0.250 | 3.123 | 97.718 | | | |
| 8 | 0.183 | 2.282 | 100.000 | | | |

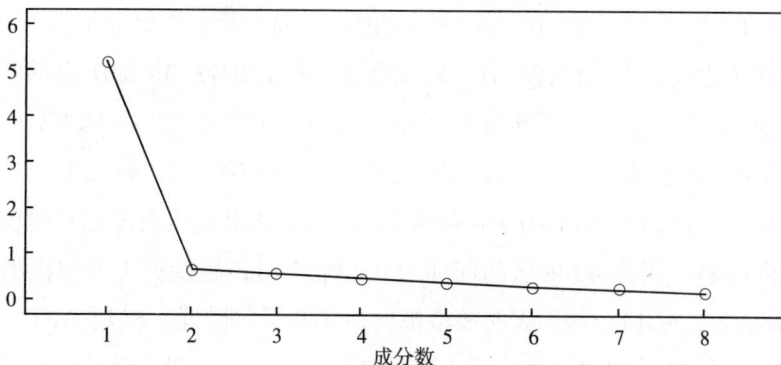

图 3-7　旅游企业集团经营绩效碎石图

## （三）验证性因子分析

验证性因素分析，也可称为验证性因子分析，是用来测试一个因子与相对应的测量项之间的关系是否符合研究者之前的假设而采用的一种统计分析方法。我们一般采用验证性因子分析来检验其构造效度，即项目共同度，而项目共同度又是问卷的量表结构效度的主要标志。验证性因子分析一般采用的是 LISREL、AMOS 等统计软件。通过对旅游企业集团协同管理的探索性因子分析，我们发现，旅游集团企业协同管理由 4 个因子构成，即内部管理能力、关键资源整合、盈利模式和服务创新，而旅游企业集团的经营绩效只有 1 个因子。为了更好地验证上述所得出的结论，我们采用 LISREL 8.7 软件对旅游企业集团的结构维度进行验证。

本书研究的评价方式主要采用 LISREL 常用的拟合指数来对拟合优度进行判断。一般来说有如下几种常用的指标：$\chi^2/df$（卡方/自由度）、RMSEA（近似误差均方根）、GFI（拟合优度指数）、AGFI（修正的拟合优度指数）、NFI（规范拟合指数）、NNFI（非规范拟合指数）、CFI（比较拟合指数）。可以说，正是通过这些具体的指标，我们才可以对其构造变量进行很好的拟合优度判断。

对于这些拟合指标，还有如下一些标准：首先，$\chi^2$ 通常和自由度结合起来作为整体模型拟合度的指标。Carmines 等认为 $\chi^2/df < 3$，表明整体模型拟合较好；而 Wheaton 等认为，如果 $3 < \chi^2/df < 5$，表明模型拟合不太好，但可以接受；如果 $\chi^2/df > 5$，表示模型拟合比较差；如果 $\chi^2/df > 10$，表示模型拟合很差。其次，RMSEA 的取值区间为 $0 < RMSEA < 1$，其中，RMSEA 值越小，或越接近于 0 表示

模型的拟合优度越好。在 0.01 < RMSEA < 0.05 之间表示非常好的拟合，在 0.05 < RMSEA < 0.1 之间，表示模型具有好的拟合度。如果 RMSEA < 0.01 表示模型具有非常出色的拟合，这种情形实际应用中几乎碰不上；而如果 RMSEA 大于 0.1，表示模型拟合度不佳。再次，GFI 的取值区间为 0 < GFI < 1，越接近 1 表明模型拟合越好。一般认为，GFI > 0.9 表明模型拟合好，但是它没有考虑自由度，所以一般使用 AGFI。而 AGFI 的区间同样为 0 < AGFI < 1，越接近 1 表明模型拟合越好。一般认为，AGFI > 0.9，表明模型拟合得非常好。同理，NFI、NNFI、CFI 指数的分布范围应该在 0~1，越接近 1 表示拟合得越好，一般接受的标准是应该大于或等于 0.9，表示模型拟合好。

为此，我们对旅游企业集团协同管理研究的四个结构维度进行验证。根据之前的探索性因子分析的结果，我们发现旅游企业集团协同管理呈现四个维度，即内部管理能力、服务创新、关键资源整合和盈利模式等。并基于此，构成旅游企业集团协同管理的结构维度模型如图 3-8 所示。

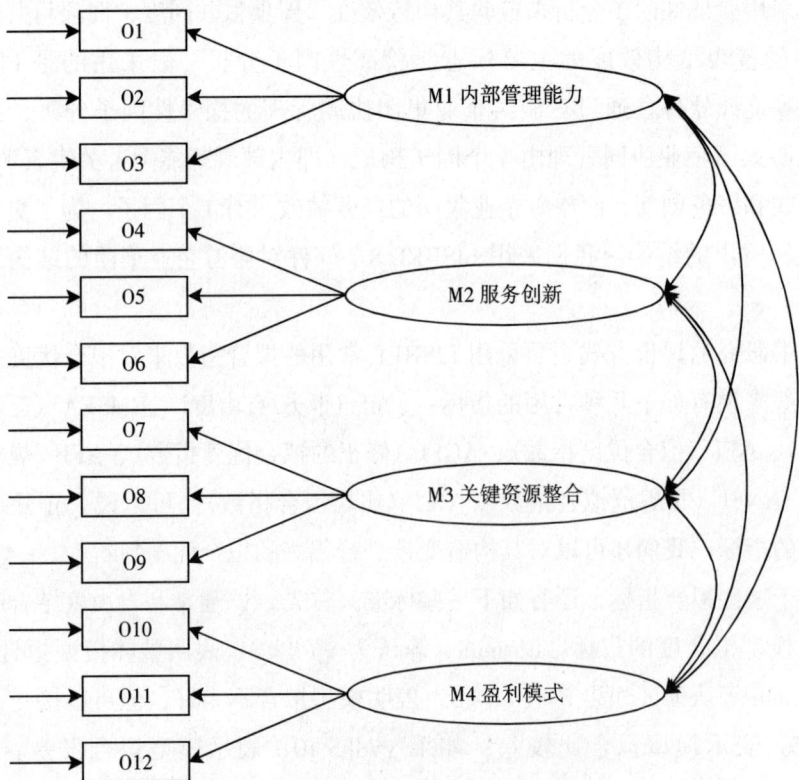

图 3-8　旅游企业集团协同管理结构维度模型

同时，我们运用 LISREL8.7 对构想模型进行检验（见表 3-12）。

表 3-12　旅游企业集团协同管理验证性因素分析模型拟合指数

| $\chi^2$ | df | $\chi^2/df$ | RMSEA | GFI | AGFI | NFI | NNFI | CFI |
|---|---|---|---|---|---|---|---|---|
| 101.85 | 48 | 2.12 | 0.073 | 0.93 | 0.88 | 0.97 | 0.98 | 0.98 |

表 3-12 的拟合指数显示了旅游企业集团协同管理的验证性因子分析结果。根据前述标准，$\chi^2/df=2.12<3$，$RMSEA=0.073<0.1$，且接近 0.05，观测数据与模型较好拟合，GFI、NFI、NNFI、CFI 都大于 0.9，且 AGFI 也与 0.9 比较接近，模型拟合较好。可以说，旅游企业集团协同管理的四维度模型的各条路径系数均达到了显著性水平，其标准化路径系数如图 3-9 所示。因此，旅游企业集团协同管理四维度结构构建模型是一个很不错的模型，理论构想得到了初步验证。

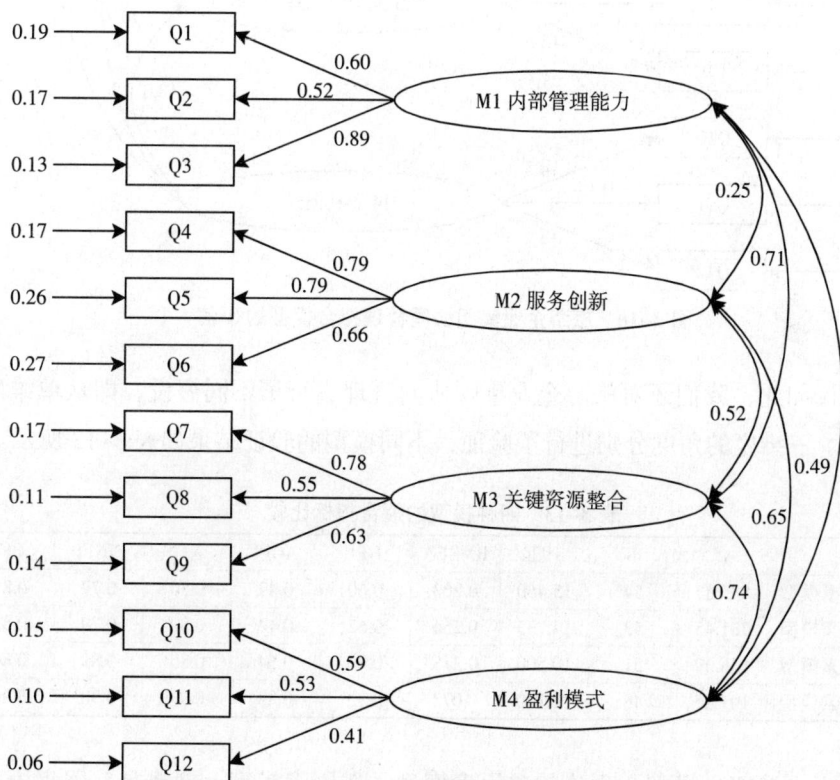

图 3-9　旅游企业集团协同管理四维度模型

与此同时，笔者对其进行了 T 值检验，其中值小于 2.0 的，表明是不稳定的关系，可以删除。旅游企业集团协同管理模型转换出的 T 值图如图 3-10 所示。

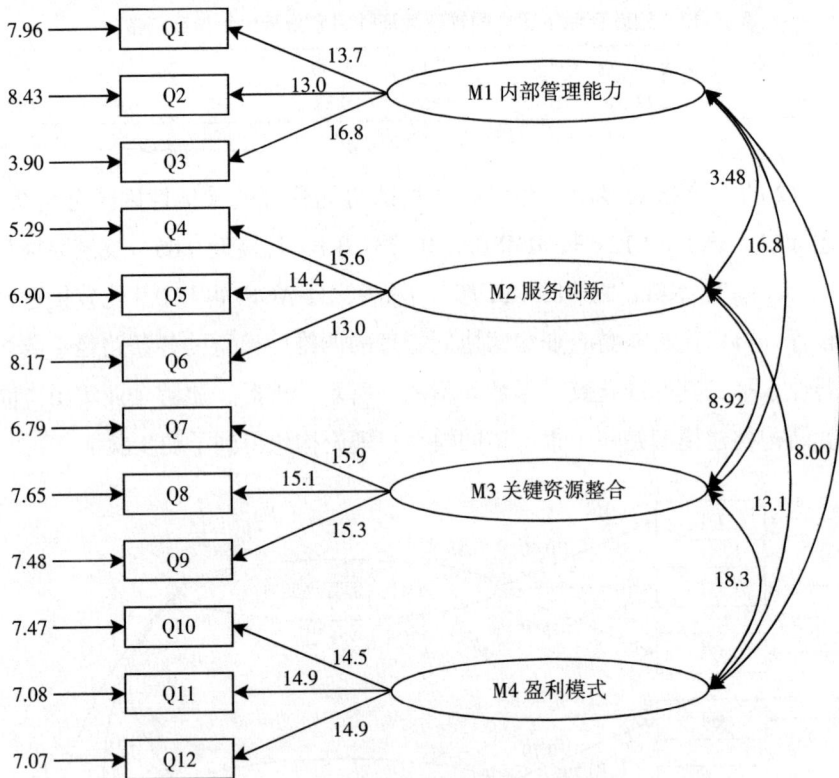

图 3-10　旅游企业集团协同管理拟合模型的 T 值

不仅如此，我们还对旅游企业集团协同管理进行了不同假设，即从单维度、双维度、三维度的角度分别进行了验证，不同模型的验证结果如表 3-13 所示。

表 3-13　四种模型的拟合指标比较

| | $\chi^2$ | df | $\chi^2/df$ | RMSEA | GFI | AGFI | NFI | NNFI | CFI |
|---|---|---|---|---|---|---|---|---|---|
| M1 单因素模型 | 835.87 | 54 | 15.460 | 0.263 | 0.60 | 0.42 | 0.80 | 0.77 | 0.81 |
| M2 双因素模型 | 781.45 | 53 | 14.735 | 0.256 | 0.62 | 0.44 | 0.82 | 0.79 | 0.83 |
| M3 三因素模型 | 536.59 | 51 | 10.500 | 0.213 | 0.70 | 0.54 | 0.85 | 0.82 | 0.86 |
| M4 四因素模型 | 101.85 | 48 | 2.120 | 0.073 | 0.93 | 0.88 | 0.97 | 0.98 | 0.98 |

对于上述四种模型，无论是单因素模型、双因素模型，抑或是三因素模型，在各项指标上都差强人意，根本没有达到基本的拟合优化的最低程度。所以说，我们可以毫无疑问地淘汰这些模型。而四因素模型，即协同管理四维度结构的模

型正好符合拟合要求，可以说是一个可接受的、较为理想的模型。

### （四）信度和效度分析

第一，信度分析。信度分析是检验问卷可靠性的一种分析方法。通过对一个研究对象进行多次测量以检验研究结果能否保持一致性。对于问卷量表的信度检验，可以采用"Cronbach's α"系数及"折半信度"。首先，运用 SPSS 统计分析，对问卷的内部一致性进行信度分析，得出 Cronbach's α 信度系数，如表 3-14 所示。

表 3-14　Cronbach's α 信度系数

| 项　目 | Reliability Coefficient | | |
| --- | --- | --- | --- |
| | N of Cases | N of Items | Cronbach's α |
| 1 | 33 | 5 | 0.872 |
| 2 | 33 | 7 | 0.917 |
| 3 | 33 | 16 | 0.965 |
| 4 | 33 | 5 | 0.875 |
| 33 个项目的信度系数 | 33 | 33 | 0.963 |

此次研究的四大因子信度系数均在 0.87 以上，有一个因子的信度系数高达 0.965，不仅如此，33 个项目的总体信度系数也高达 0.963。这些 Cronbach's α 信度系数全部达到 0.8 以上。可以说，此次正式问卷基本达到了非常高的内部信度。同时，折半信度的检验结果如表 3-15 所示。

表 3-15　折半信度

| A 系数 | 折半一 | 信度 | 0.910 |
| --- | --- | --- | --- |
| | | 项目数 | 17[a] |
| | 折半二 | 信度 | 0.951 |
| | | 项目数 | 16[b] |

关于折半信度，我们首先将所研究的 33 个项目分为对等的两半，其中前 17 个项目组成了前半部分，后 16 个项目组成了后半部分。与之对应的折半信度如下：折半一的同质性信度是 0.910，折半二的同质性信度是 0.951。综上所述，该问卷的信度是良好的。

第二，效度分析。效度分析是指测量的结果反映测量对象的程度水平。如果效度越高，反映的情况越到位，反之则相反。具体来说，效度分析分为内容效度和结构效度两种。其中，内容效度反映的是问卷调查取样项目的充分性，即反映内容的完整程度。本书为了确保内容效度，对港中旅企业的高管人员进行过多次调研取证，最后确保项目内容涵盖上的完备性。对于结构效度，则是测量变量之间的关系，即问卷项目之间存在的关系结构。通过 SPSS 因子分析的矩阵旋转，我们发现所有项目在同一因子上的负荷都在 0.6 以上，并且跨因子负荷非常小，聚焦效度及差别效度都很好，这表明本份问卷结构效度不错。综上所述，本次问卷设计的内容和结构效度良好。

# 五、本章小结

通过问卷调查和实证分析，本书不仅验证了最初的三大假设，而且也得出如下研究结论：根据 SPSS 软件的探索式因子分析和 LISREL 软件的验证性因子分析，我们对旅游企业集团协同管理机制进行因子提取，得出了构成旅游企业集团协同管理机制的四大因子，分别将其命名为内部管理能力、服务创新、关键资源整合和盈利模式，其中内部管理能力是由以战略协同、流程协同为代表的 16 个观测指标反映，关键资源整合是由以能力协同、人力资源协同为代表的 7 个观测指标反映，盈利模式是由以资本协同、财务协同为代表的 5 个观测指标来反映，服务创新是由以服务协同、特色服务为代表的 5 个观测指标来反映。因此，根据探索性因子分析中的主成分分析法及碎石图检验，我们得出旅游企业集团主要提取了四大因子，并将其命名为：内部管理能力、关键资源整合、盈利模式和服务创新。并且经过验证性因子分析，四个因子的结构维度模型是理想的，进而构建了旅游企业集团协同管理机制的四维度结构模型。

# 第四章　旅游企业集团协同管理模型构建

## 一、结构方程模型概述

结构方程模型（SEM），是由瑞典统计学家、心理测量学家 Karl G. Joreskog 最早提出的。结构方程模型目前已成为一种常用的线性统计建模方法。一般来说，结构方程模型是一个由随机变量、结构参数和非随机变量共同构成的结构方程式体系。从某种程度上而言，结构方程模型就是用来验证观测变量与潜在变量之间是否存在关联结构的一种方法而已。结构方程模型结构方程体系一般包括测量模式和结构模式。其中，测量模式主要是用来反映观测变量与潜在变量之间是否存在一种关联的模式。

在结构方程模型中，我们对观测变量一般有外因和内因之分。如果我们用 X 表示外因观测变量，那么，一定用 Y 加以描述内因观测变量。而结构方程本身就是在观测变量、潜在变量等之间建立起一种关联关系。对此，观测变量和潜在变量具体假设如下：

第一，外因潜在变量一般用 ξ 表示，外因观测变量 X 的测量误差用 δ 表示。内因潜在变量则用 η 表示，内因观测变量 Y 的观测误差用 ε 表示。

第二，外因观测变量和外因潜在变量之间的回归系数用 λ 表示，回归系数矩阵用 ΛX 表示。内因观测变量和内因潜在变量之间的回归系数用 λ 表示，回归系数矩阵用 ΛY 表示。

第三，外因潜在变量和内因潜在变量之间的回归系数用 γ 表示，回归系数矩

阵用 Γ 表示，而内因潜在变量间的回归系数用 β 表示，回归系数矩阵用 B 表示。潜在干扰统一为 ζ 表示。

正是这些外因与内因的观测变量和潜在变量，拟构出类似路径分析模式。结构方程模型分析一般可分为建构模型、拟合模型、评价模型和修正模型共四个步骤。首先，就是根据上述的研究结果、研究假设等，构建最初的模型。其次，对刚建构的模型，要设法求出模型的解，即模型参数估计，这个过程就是我们通常所称的模型拟合阶段。再次，对模型进行评价。即根据拟合指数来对预设模型的拟合情况进行判断，检验实际测量数据指标是否支持预设模型。最后，就是对模型再次修正，进而又重新开始对新模型的构建。研究者正是利用以上这四个步骤，构建出众多变量之间存在关系的预设模型，同时加以检验。

## 二、LISREL 理论结构模型分析

LISREL 理论结构模型是针对结构方程模型的理念，用来分析观测变量和潜在变量间是否存在关联的一种有效方法。LISREL 结构模型一般是由结构方程模型和测量方程模型两部分模型共同组成的，其中，包括观测变量、潜在变量等诸多变量及其之间的关系，如图 4-1 所示。

关于 LISREL 结构模型，Joreskog 和 Sorbom 认为：

结构方程：$\eta = B\eta + \Gamma\xi + \zeta$ 　　　　　　　　　　　　　　　　(4-1)

其中，$E(\eta) = 0$，$E(\xi) = 0$，$E(\zeta) = 0$；$\zeta$ 与 $\xi$ 无相关关系。

测量方程：$X = \Lambda X\xi + \delta$ 　　　　　　　　　　　　　　　　(4-2)

$Y = \Lambda Y\eta + \varepsilon$ 　　　　　　　　　　　　　　　　　　　(4-3)

其中，$E(\eta) = 0$，$E(\xi) = 0$，$E(\varepsilon) = 0$，$E(\delta) = 0$；$\varepsilon$ 与 $\eta$、$\xi$ 及 $\delta$ 无相关关系；而 $\delta$ 与 $\eta$、$\xi$ 及 $\varepsilon$ 无相关关系。X 表示外因观测变量，$\xi$ 表示外因潜在变量，Y 表示内因观测变量，$\eta$ 表示内因潜在变量，$\lambda_{ij}$ 表示观测变量 $x_i$ 和潜在变量 $\xi_j$ 的相关系数，$\Phi$ 表示 $\xi_i$ 与 $\xi_j$ 间形成的协方差矩阵，$\Lambda X$ 表示反映 $X_i$ 与 $\xi_j$ 间关系的系数矩阵，$\Lambda Y$ 表示反映 $Y_i$ 与 $\eta_j$ 间关系的系数矩阵，$\delta$ 表示外因观测变量 x 的测量误差，$\varepsilon$ 表示内因观测变量 y 的观测误差，$\zeta$ 表示潜在干扰，$\beta$ 表示内因潜在变量 i

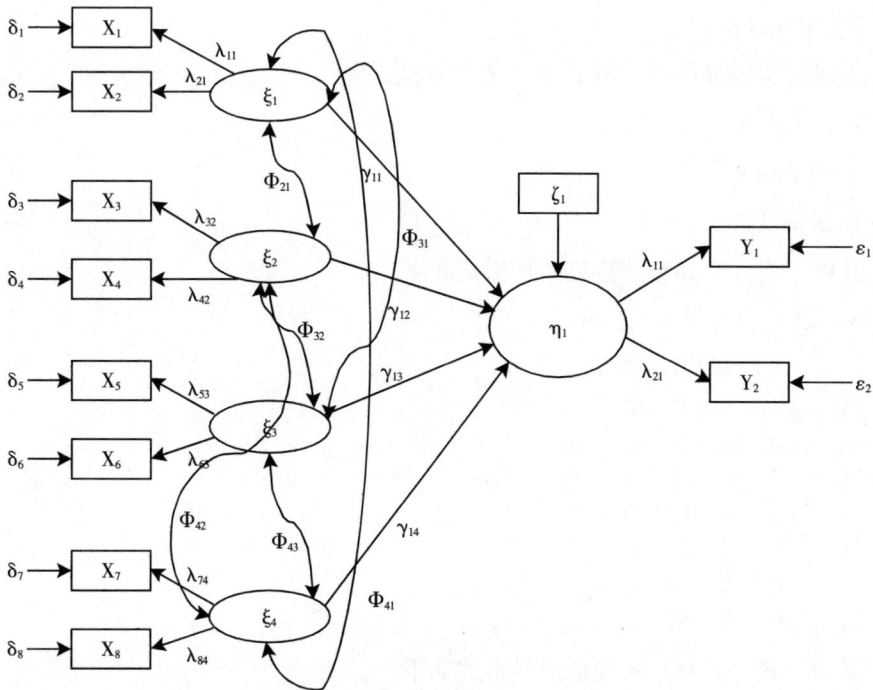

图 4-1 假设性的 LISREL 结构模型

和内因潜在变量 j 之间的回归系数，B 表示内因潜在变量 i 和内因潜在变量 j 之间的回归系数矩阵，$\gamma$ 表示外因潜在变量 i 和内因潜在变量 j 之间的回归系数，$\Gamma$ 表示外因潜在变量 i 和内因潜在变量 j 之间的回归系数矩阵。

根据图 4-1，用回归方程式来表示如下：

$$\eta_1 = \gamma_{11}\xi_1 + \gamma_{12}\xi_2 + \gamma_{13}\xi_3 + \gamma_{14}\xi_4 + \zeta_1 \tag{4-4}$$

$$X_1 = \lambda_{11}\xi_1 + \delta_1 \tag{4-5}$$

$$X_2 = \lambda_{21}\xi_1 + \delta_2 \tag{4-6}$$

$$X_3 = \lambda_{32}\xi_2 + \delta_3 \tag{4-7}$$

$$X_4 = \lambda_{42}\xi_2 + \delta_4 \tag{4-8}$$

$$X_5 = \lambda_{53}\xi_3 + \delta_5 \tag{4-9}$$

$$X_6 = \lambda_{63}\xi_3 + \delta_6 \tag{4-10}$$

$$X_7 = \lambda_{74}\xi_4 + \delta_7 \tag{4-11}$$

$$X_8 = \lambda_{84}\xi_4 + \delta_8 \tag{4-12}$$

$$Y_1 = \lambda_{11}\eta_1 + \varepsilon_1 \tag{4-13}$$

$$Y_2 = \lambda_{21}\eta_1 + \varepsilon_2 \tag{4-14}$$

上述的整组方程式，用矩阵方程式表示如下：

$$X = \Lambda X \xi + \delta \tag{4-15}$$

$$Y = \Lambda Y \eta + \varepsilon \tag{4-16}$$

$$\eta = B\eta + \Gamma\xi + \zeta \tag{4-17}$$

其中，式（4-15）转换成向量形式如下：

$$X = \Lambda X \quad\quad \times \xi + \delta$$

$$
\begin{bmatrix} x_1 \\ x_2 \\ x_3 \\ x_4 \\ x_5 \\ x_6 \\ x_7 \\ x_8 \end{bmatrix}
=
\begin{bmatrix}
\lambda_{11} & 0 & 0 & 0 \\
\lambda_{21} & 0 & 0 & 0 \\
0 & \lambda_{32} & 0 & 0 \\
0 & \lambda_{42} & 0 & 0 \\
0 & 0 & \lambda_{53} & 0 \\
0 & 0 & \lambda_{63} & 0 \\
0 & 0 & 0 & \lambda_{74} \\
0 & 0 & 0 & \lambda_{84}
\end{bmatrix}
\begin{bmatrix} \xi_1 \\ \xi_2 \\ \xi_3 \\ \xi_4 \end{bmatrix}
+
\begin{bmatrix} \delta_1 \\ \delta_2 \\ \delta_3 \\ \delta_4 \\ \delta_5 \\ \delta_6 \\ \delta_7 \\ \delta_8 \end{bmatrix}
\tag{4-18}
$$

其中，式（4-16）转换成向量形式如下：

$$Y = \Lambda Y \times \eta + \varepsilon$$

$$
\begin{bmatrix} y_1 \\ y_2 \end{bmatrix}
=
\begin{bmatrix} \lambda_{11} \\ \lambda_{21} \end{bmatrix}
\eta_1 +
\begin{bmatrix} \varepsilon_1 \\ \varepsilon_2 \end{bmatrix}
\tag{4-19}
$$

其中，式（4-17）转换成向量形式如下：

$$\eta = B \times \eta + \Gamma \times \xi + \zeta$$

$$
\eta_1 =
\begin{bmatrix} \gamma_{11} & \gamma_{12} & \gamma_{13} & \gamma_{14} \end{bmatrix}
\begin{bmatrix} \xi_1 \\ \xi_2 \\ \xi_3 \\ \xi_4 \end{bmatrix}
+ \zeta_1
\tag{4-20}
$$

如前所述，通过这些数学方程式或向量公式，来加以验证之前假设的结构方程模型，逐渐调整模型，使之与观测数据相符，这就是我们通常意义上所讲的结构方程模型的构建思路及过程。

# 三、LISREL 结构方程模型构建

## （一）研究样本与模型假设

根据上一章的实证研究，通过探索性因子分析和验证性因子分析，旅游企业集团协同主要有四大因子，即内部管理能力、关键资源整合、服务创新和盈利模式。我们在进行高管调研和访谈的同时，把旅游企业集团协同管理四大主要因子与经营绩效的相关性结合起来，针对结构方程模型的构建，进行调查取样。主要样本区域除了港中旅集团本部所在的中国香港以外，还选取了深圳、珠海、广州、北京、上海、西安、杭州、青岛等区域。样本选取对象除了港中旅集团分布在各区域的板块公司、子公司高管人员以外，还选取了有关旅游行业领域的专家进行了深度访谈调研。在此基础上，构建了一个 LISREL 结构方程模型。

一般来说，LISREL 模型分析主要有如下几个步骤，第一，模型拟定，包括建立结构方程和测量方程；第二，模型识别估计；第三，模型检验；第四，模型修正。

为此，本模型共假设了五大维度（即潜在变量），即内部管理能力（$\xi_1$）、服务创新（$\xi_2$）、关键资源整合（$\xi_3$）、盈利模式（$\xi_4$）和经营绩效（$\eta_1$），其中，内部管理能力主要通过战略协同 $X_1$、流程协同 $X_2$ 加以衡量；服务创新主要通过服务协同 $X_3$、特色服务 $X_4$ 加以衡量；关键资源整合主要通过人力资源协同 $X_5$、能力协同 $X_6$ 加以衡量；盈利模式主要通过资本协同 $X_7$、财务协同 $X_8$ 加以衡量；而旅游企业集团的经营绩效则由集团总收入 $Y_1$ 和集团总资本 $Y_2$ 加以衡量。

对此，我们又提出如下两大假设：

假设 $M_1$：旅游企业集团协同管理由四大要素构成，即内部管理能力、关键资源整合、盈利模式和服务创新等，且它们彼此之间还存在很强的关联性。

假设 $M_2$：旅游企业集团协同管理与企业经营绩效之间存在密切关系。

## （二）模型构建

结合以上模型构建思路和模型假设，旅游企业集团协同管理的 LISREL 模型路径图，如图 4-2 所示。

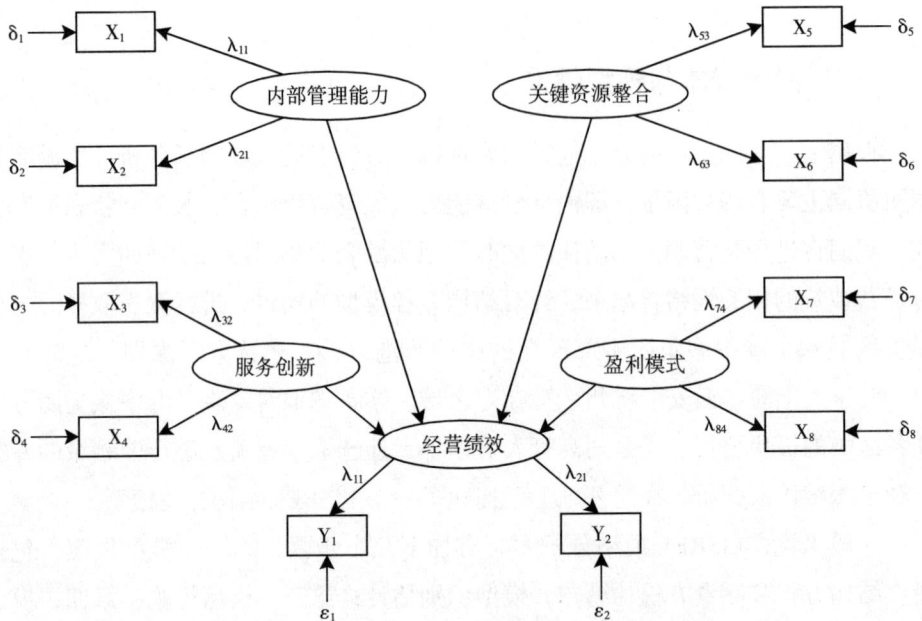

**图 4-2　旅游企业集团协同的 LISREL 模型路径**

其中，X 表示外因观测变量，$\xi$ 表示外因潜在变量，Y 表示内因观测变量，$\eta$ 表示内因潜在变量，$\delta$ 表示 x 变量的误差，$\varepsilon$ 表示 y 变量的误差，$\lambda$ 表示观测变量 i 和潜在变量 j 之间的相关系数，$\beta$ 表示内因潜在变量 i 和内因潜在变量 j 之间的相关系数，$\gamma$ 表示内因潜在变量 i 和外因潜在变量 j 之间的相关系数，$\phi$ 表示外因潜在变量间的相关系数。

具体来说，LISREL 模型又可分为结构方程模型和测量方程模型：

1. 结构方程模型

对于旅游企业集团协同效应与经营绩效之间的关系，主要有五个测量指标，其中四个测量指标为：①服务创新：$\xi_2$；②盈利模式：$\xi_4$；③内部管理能力：$\xi_1$；④关键资源整合：$\xi_3$。这四个指标表示的是由 X 变量解释的外因潜在变量。而另一个指标是经营绩效 $\eta_1$，表示的是由 Y 变量解释的内因潜在变量。

其结构方程模型的矩阵形式如下：

$$\eta = B\eta + \Gamma\xi + \zeta \tag{4-21}$$

其中，$E(\eta)=0$，$E(\xi)=0$，$E(\zeta)=0$；

其中，结构方程模式以路径图来表示，如图 4-3 所示。

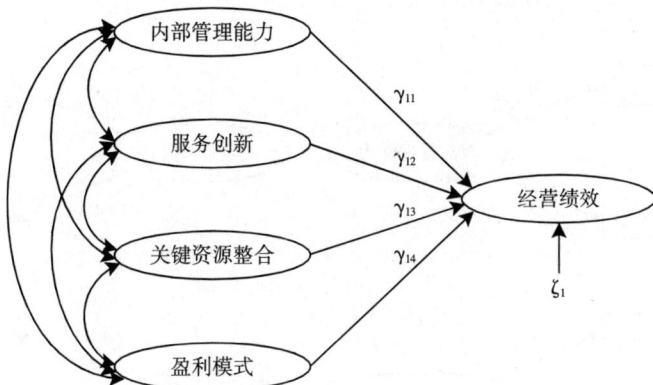

**图 4-3　结构方程模型的路径**

2. 测量方程模型

对于旅游企业集团协同效应，主要有 10 个测量指标。

其中外因观测变量有 8 个，即，①战略协同：$X_1$；②流程协同：$X_2$；③服务协同：$X_3$；④特色服务：$X_4$；⑤人力资源协同：$X_5$；⑥能力协同：$X_6$；⑦资本协同：$X_7$；⑧财务协同：$X_8$。对于内因观测变量也有 2 个，即，①集团总收入：$Y_1$；②集团总资产：$Y_2$。

具体来说，$X_1$、$X_2$ 用来衡量集团内部管理能力（$\xi_1$）；$X_3$、$X_4$ 用来衡量集团服务创新（$\xi_2$）；$X_5$、$X_6$ 用来衡量集团关键资源整合（$\xi_3$）；$X_7$、$X_8$ 用来衡量集团盈利模式（$\xi_4$）。而 $Y_1$、$Y_2$ 则体现为企业集团的经营绩效（$\eta_1$）。

各变量之间的对应关系如表 4-1 所示。

**表 4-1　旅游企业集团协同管理潜在变量与之对应的观测变量指标**

| 潜在变量 | 潜在变量名称 | 观测变量 | 观测变量名称 |
|---|---|---|---|
| $\xi_1$ | 内部管理能力 | $X_1$、$X_2$ | 战略协同、流程协同 |
| $\xi_2$ | 服务创新 | $X_3$、$X_4$ | 服务协同、特色服务 |
| $\xi_3$ | 关键资源整合 | $X_5$、$X_6$ | 人力资源协同、能力协同 |
| $\xi_4$ | 盈利模式 | $X_7$、$X_8$ | 资本协同、财务协同 |
| $\eta_1$ | 经营绩效 | $Y_1$、$Y_2$ | 集团总收入、集团总资产 |

其中，外因变量测量模型的矩阵形式表示为：

$$X = \Lambda X\xi + \delta \tag{4-22}$$

其中，$E(\xi)=0$，$E(\delta)=0$；$\delta$ 与 $\eta$、$\xi$、$\varepsilon$ 均不相关。

外因变量测量模型路径图如图 4-4 所示。

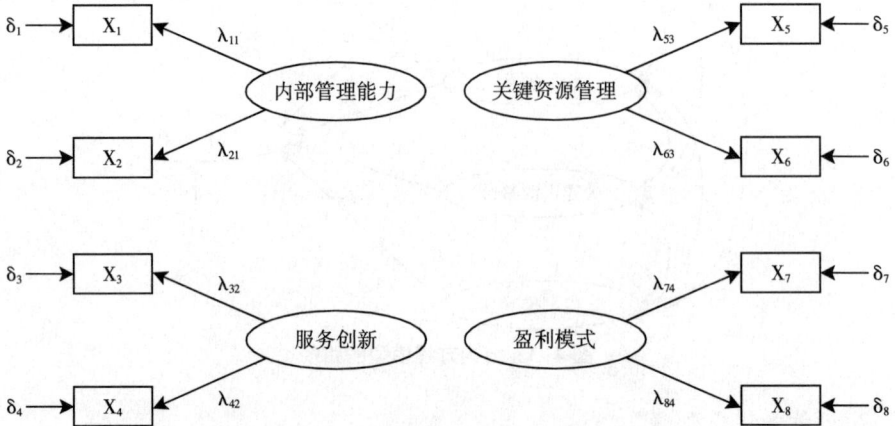

图 4-4  外因变量测量模型结构

对于内因变量测量模型，其方程可表示为：

$$Y = \Lambda Y\eta + \varepsilon \tag{4-23}$$

其中，$E(\eta)=0$，$E(\varepsilon)=0$；$\varepsilon$ 与 $\eta$、$\xi$，以及 $\delta$ 不相关。

用矩阵形式来表示内因变量测量模型，如图 4-5 所示。

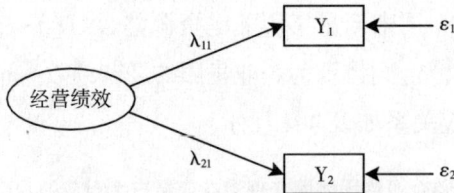

图 4-5  内因变量测量模型结构

# 四、LISREL 模型统计结果分析

根据 LISREL8.7 软件，我们对结构方程模型进行参数估计，得出了该模型的拟合评价指标，如表 4–2 所示。在结构方程模型的主要拟合指标中，$\chi^2/df$（卡方/自由度）为 2.99，小于 3，基本符合要求。平均残差相关度 RMSEA = 0.073 < 0.1，且接近 0.05，观测数据与模型较好拟合。同时，GFI 和 AGFI 分别为 0.93 和 0.85，都与 0.9 较接近。同时，NFI、NNFI、CFI 三者都大于 0.9，模型拟合较好。

表 4–2　旅游企业集团协同管理 LISREL 模型拟合情况评价指标

| $\chi^2$ | df | $\chi^2/df$ | RMSEA | GFI | AGFI | NFI | NNFI | CFI |
|---|---|---|---|---|---|---|---|---|
| 74.75 | 25 | 2.99 | 0.073 | 0.93 | 0.85 | 0.96 | 0.95 | 0.97 |

LISREL 模型中，每个观测指标对应其潜在变量的参数估计值（即负荷），既有效地反映了该指标与其相应潜在变量之间的相关程度，也反映了潜在变量对相应观测指标的解释能力。而这种负荷往往体现了各个路径参数的意义。根据 LISREL 模型参数估计路径图（见图 4–6、图 4–7），我们不难看出：

第一，旅游企业集团协同管理的观测变量与潜在变量之间的参数估计值均在 0.5 以上，有的甚至高达 0.86，反映了这些变量之间的相关路径关系比较明显。例如，$\lambda_{53} = 0.86$，表示的是人力资源与关键资源整合之间的关联度或负荷高达 0.86。可以说，无论是外因观测变量对潜在变量，还是内因观测变量对潜在变量，都较好地反映了它们之间的相关程度。

第二，旅游企业集团协同管理的四大因子协同程度较高，关联度普遍高于 0.5。特别是服务创新与关键资源整合之间高达 1.0，内部管理能力与服务创新之间高达 0.76，服务创新与盈利模式之间为 0.74。可以说，这再次证明我们之前的假设，即四大因子之间的相互作用。

第三，旅游企业集团协同管理与企业经营绩效之间也存在显著路径。其中，$\gamma_{13} = 0.79$，$\gamma_{14} = 0.92$，这表明旅游企业集团协同管理的关键资源整合与盈利模式两大因子与企业经营绩效呈高度正相关。这也再次验证了我们之前的假设，即旅

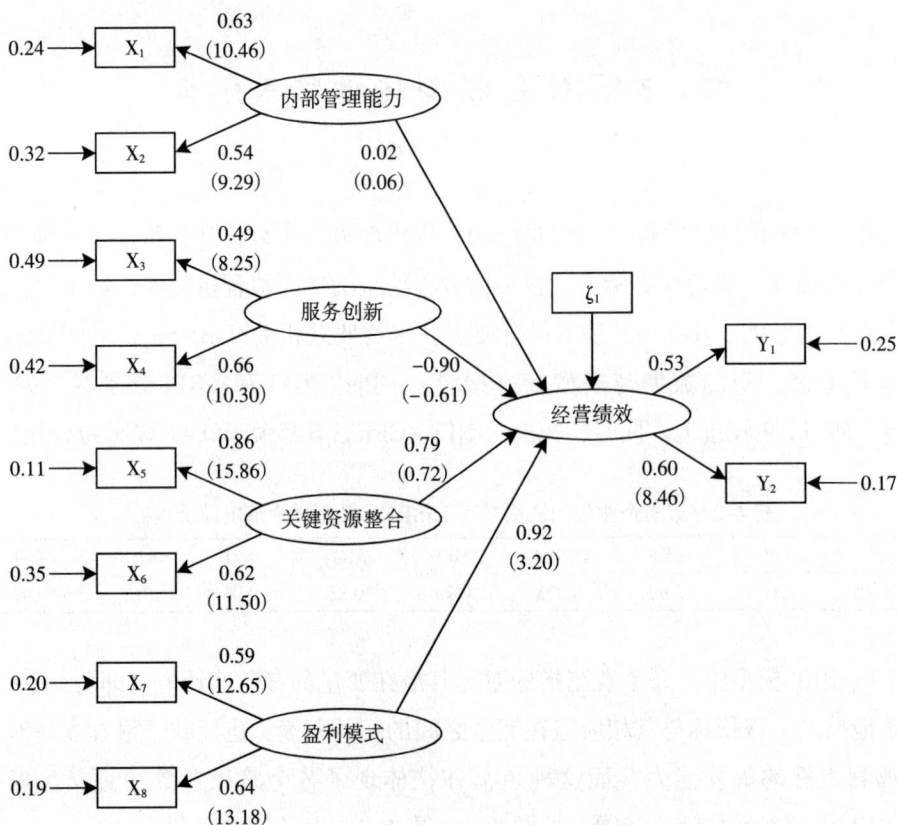

**图 4-6  LISREL 模型参数估计路径图**

注：括号里面进行的是 T 值分析。

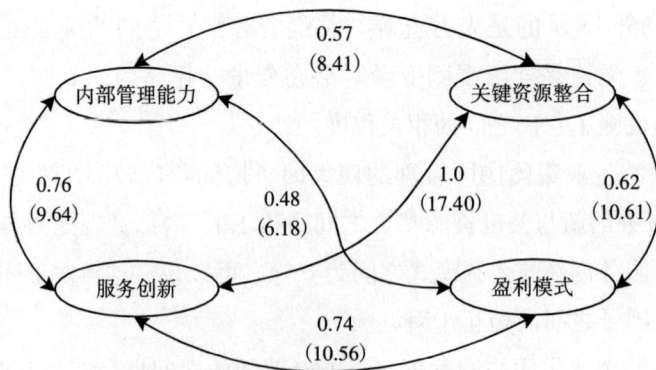

**图 4-7  LISREL 模型中四大因子的关联分析**

注：括号里面进行的是 T 值分析。

游企业集团协同效应会产生良好的企业绩效。通过 LISREL 模型，我们发现旅游企业集团协同管理与旅游企业集团经营绩效之间的关系分析的应用是正确的。因此，可以用该模型对旅游企业集团协同管理展开研究。

综上所述，我们不难发现，一方面，旅游企业集团协同管理四大因素之间的协同性很强；另一方面，旅游企业协同管理的四大因素与企业集团经营绩效也存在显著的路径关系。旅游企业集团协同管理主要包括四大因子，即内部管理能力、服务创新、关键资源整合和盈利模式，它们之间相互作用，并构成旅游企业集团协同管理机制模型。与此同时，旅游企业集团协同管理也与企业经营绩效存在强相关性。其中，企业经营绩效与企业盈利能力之间的关联性高达 0.92，与关键资源整合的关联性也很高，达到了 0.79。可见，经营绩效与盈利能力和关键资源整合存在正相关。与此同时，对于 T 值分析来说，盈利模式为 3.20（大于 2），可以说，集团盈利模式与企业经营绩效毫无疑问呈现的是一种正相关关系。

## 五、旅游企业集团协同管理模型构建

### (一) 旅游企业集团协同管理模式设计

结合之前的分析，我们研究旅游产业发展现状和存在的问题，揭示旅游产业协同的必要性和重要性共识，综合国内外专家学者的思想和理论观点，运用价值链理论、协同管理理论、内部管理能力理论、关键资源整合理论、盈利模式理论和服务创新理论，针对旅游产业的现状和问题，以旅游业价值创造和贡献，基于价值链分析，并结合旅游产业特点，再通过实证分析，找出旅游产业协同的瓶颈和实现协同要解决的关键问题，从中梳理出了实现旅游企业协同管理的四个关键要素，构建出了旅游企业协同管理机制模型，如图 4-8 所示。

从图 4-8 我们看出旅游企业集团协同管理机制模型的启示在于：必须以价值链为基础，通过内部管理能力强化、关键资源整合能力提升、重塑协同盈利模式，以及实现服务创新来实现协同效益。如果以上模型能够落实，我们可以预见，将会在旅游行业塑造一个让游客身心健康愉悦、旅游服务规范优质、旅游过

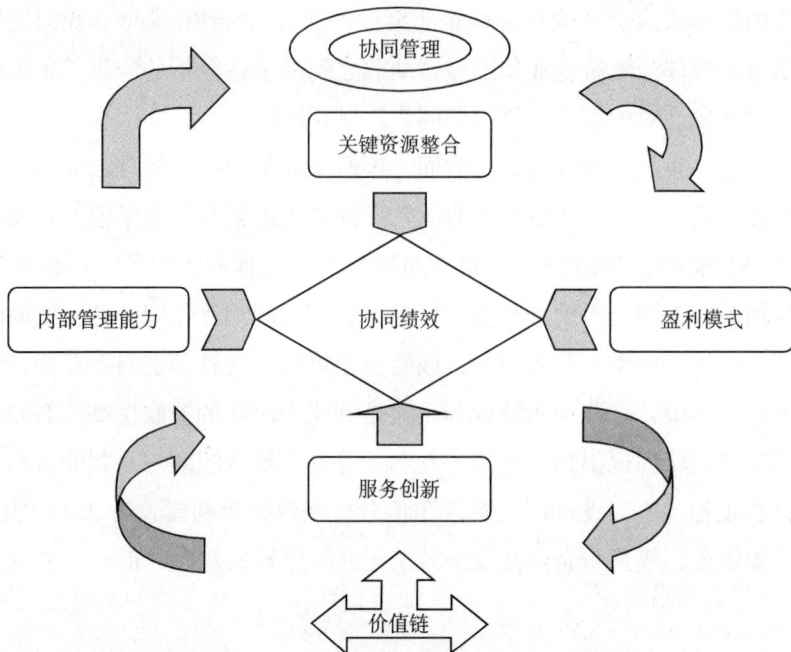

图 4-8　旅游企业集团协同管理机制模型

程轻松便捷、旅游品质和品牌价值增加、旅游企业经济效益和社会效益明显提升的旅游全价值链运营的企业集团。

## （二）旅游企业协同管理机制模式的构成要素

如上所述，旅游企业协同管理机制模式的构成要素包括内部管理能力、关键资源整合、盈利模式和服务创新。结合之前的实证调研和结构方程模型构建中的变量分析，我们发现"内部管理能力"包含的主要因子有战略引导、组织协同、管理协同、流程协同、机制协同、信任机制等；"关键资源整合"要素包含的主要因子有产品市场、人力资源、客户资源、营销协同、能力协同等；"盈利模式"要素包含的主要因子有资本、成本等；"服务创新"要素包含的主要因子有文化、客户关系、特色服务等。

现对旅游企业集团协同管理机制四大要素的主要构成要素说明如下：

1. 旅游企业内部管理能力

从集团内部管理能力角度来分析，结合前面进行调研问卷分析的结果，要实施旅游产业协同，应注重以下几个方面：

一是战略引导。协同管理是一个复杂的系统工程，是多种资源、多种信息、多种能力和技术集成的管理模式。要实现协同管理，需要集团层面高度重视、战略导向、规划控制和目标指引。

二是组织结构。除了战略意识之外，协同管理需要协同各种知识和能力结构的人员共同参与，如组织沟通能力、市场洞察能力、领导力、技术保障能力等，要从有利于协同管理的角度，对集团内部管理架构和人员进行组织结构优化。

三是协同环境。进行协同管理重点是资源共享平台的建立，首先必须达成协同共识，并在高层的引导、重视下，形成协同文化，营造良好的协同文化氛围。

四是共享平台。主要是通过信息化管理，建立信息资源平台，便于进行跨企业和部门的交流沟通，如图 4-9 所示。

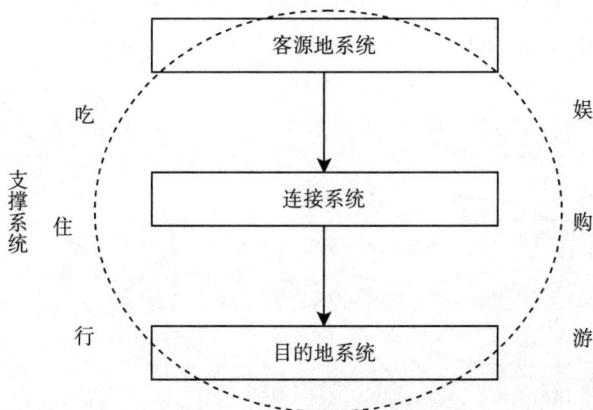

图 4-9　旅游企业集团共享平台

五是激励机制。主要是对协同企业和相关人员的绩效评价和分配激励，增进协同管理的动力。

六是信任机制。集团可以通过管理关系，也可以通过合同或契约，建立信任机制。

2. 旅游企业关键资源整合

企业关键资源是指企业拥有的那些对其具体业务保持持续性的竞争优势，和至关重要的基于能力的资源。而对于旅游企业协同管理来说，旅游行业所提供的产品和服务不同于其他行业，这种产品和服务的生产与消费同步，产品和服务的生产质量同时依赖于游客当时的切身感受和体验。因此，旅游企业的关键资源除了市场资源、产品资源、人力资源、财务资源外，更重要的是客户资源、服务创新能力、协同组织能力等。

我们知道旅游产品和服务主要有六个要素（见图 4-10）。要真正实现协同效应，必须使旅游资源各环节有相同的品质，有相同的诉求。因此，关键资源整合的原则是：第一，价格市场定位。参与协同管理的各企业服务价格要遵循市场规则，价格的高低由顾客的体验和感受，以及市场检验的结果来确定，而不能为了协同而人为定高或者定低。第二，产品档次接近。参与协同管理的企业，必须要努力使自身的服务品质和水平，符合协同管理总体目标的要求，符合协同管理的战略定位。第三，链条衔接顺畅。要通过合理的科学的运行机制和技术手段来保障各旅游价值链之间高效顺畅地衔接。第四，利益相关。协同管理主要是市场驱动，是参与协同管理的各企业自身利益的要求。协同各方一定是利益相关者，而且是对协同管理迫切需要的。

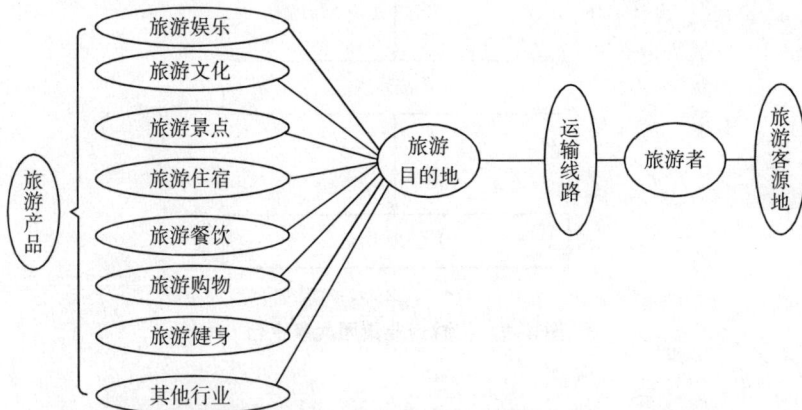

图 4-10　旅游企业的"吃、住、行、游、娱、购"六大要素

3. 旅游企业盈利模式

协同管理本身，从某种意义上来说，也是一种盈利模式的创新。盈利模式是企业在市场竞争中逐步形成的企业特有的、赖以盈利的商务结构及其对应的业务结构。商务结构主要是指企业所选择的交易对象、交易内容、交易规模、交易方式、交易渠道、交易环境、交易对手等商务内容及其时空结构；业务结构主要指满足商务结构需要的企业内部包括科研、采购、生产、储运、营销等业务内容及其时空结构。

盈利模式直接反映的是企业资源配置的效率和效益。任何企业都有自己的商务结构及其相应的业务结构，参与旅游企业协同的旅游价值链各环节都有自身的诉求，如图4-11所示。

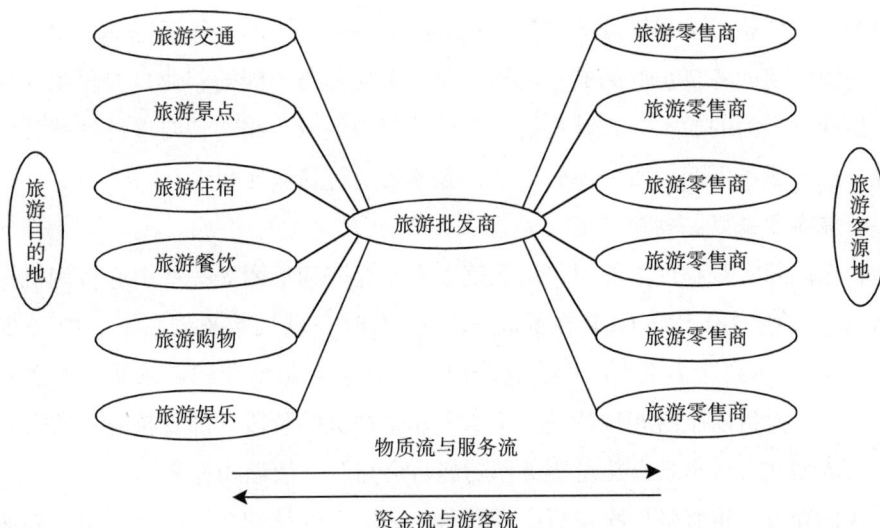

图4-11 旅游价值链的各环节示意

要构建协同管理模式，必须兼顾各方诉求。如果用一个简单的数学模型来表示的话，可以假设协同管理总利润为$Y$，而$Y_1$，$Y_2$，$Y_3$，…，$Y_n$分别代表价值链不同环节节点企业进行协同后的利润，$y$代表没有实现协同前的各价值链不同企业利润的简单相加之和，$y_1$，$y_2$，$y_3$，…，$y_n$分别代表没有实现协同前的各自企业的利润。可以假设协同管理总成本为$C$，而$C_1$，$C_2$，$C_3$，…，$C_n$分别代表价值链不同环节节点企业进行协同后的成本，$c$代表没有实现协同前的各价值链不同企业成本的简单相加之和，$c_1$，$c_2$，$c_3$，…，$c_n$分别代表没有实现协同前的各自企业的成本，则协同管理在盈利模式上要满足以下条件：

（1）$Y > y$；

（2）$Y > y_1 + y_2 + y_3 + \cdots + y_n$；

（3）$Y_1$，$Y_2$，$Y_3$，…，$Y_n$大于$y_1$，$y_2$，$y_3$，…，$y_n$；

（4）$Y > Y_1 + Y_2 + Y_3 + \cdots + Y_n$；

（5）$C < c$；

（6）$C < c_1 + c_2 + c_3 + \cdots + c_n$；

（7）$C_1 < c_1$，$C_2 < c_2$，$C_3 < c_3$，$\cdots$，$C_n < c_n$；

（8）$C < C_1 + C_2 + C_3 + \cdots + C_n$。

要实现协同管理，必须使协同整体利益大于局部之和，即协同管理后实现的总体利润要大于没有实现协同前的各自企业的利润之和，而且各自参与协同的企业自身利润要超过协同管理前的利润；协同管理后产生的总体服务成本要低于没有实现协同前的各自企业的成本之和，而且各自参与协同的企业自身付出成本要低于协同管理前的成本；这就是说，要产生集约效应。同时，要保证消费者感受的服务投入成本不变，服务体验不变，服务质量得到保证和提升。

4. 旅游企业服务创新

根据国际实践和理论界，包括北京零点研究咨询集团等一些中介咨询机构研究认为，发达国家人均 GDP 在 5000 美元左右时，进入服务创新期。中国 2013 年底 GDP 已达到这个水平。而在这个时期，社会对旅游业的需求将会有质的提升和改变，而目前旅游业现状是处于一个非常初级的阶段。随着核心有效需求新群体的成型和大量出现，旅游服务单功能将会与服务依赖相冲突。

我们知道，将服务层次进行研究划分，从底层的认知、易得、方便、快速及时，中层的尊重、一致性，到顶层的默契、惊喜，总共八个阶层，如图 4-12 所示。

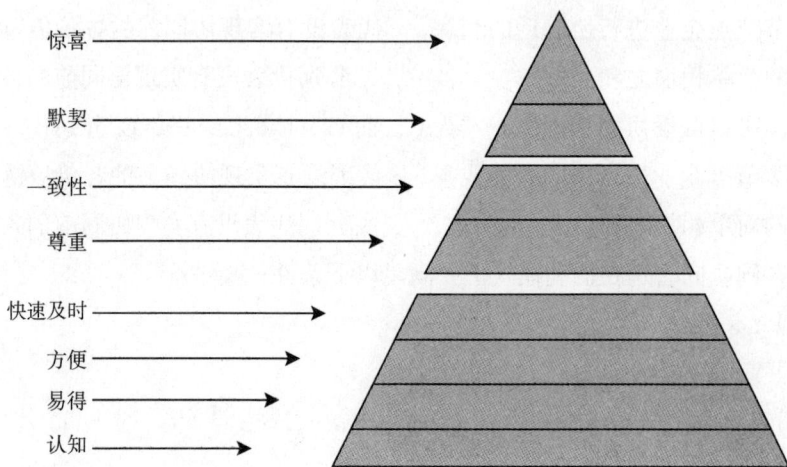

图 4-12　服务层次的八大阶层

　　一般的旅游企业，包括港中旅集团服务能够达到认知、易得、方便和快速及时四个层次，最高做到"尊重"的层次，但每个层次也表现不一。零点研究集团2012 年对 22 个主要服务行业进行服务满意度调查，结果如图 4-13 所示。

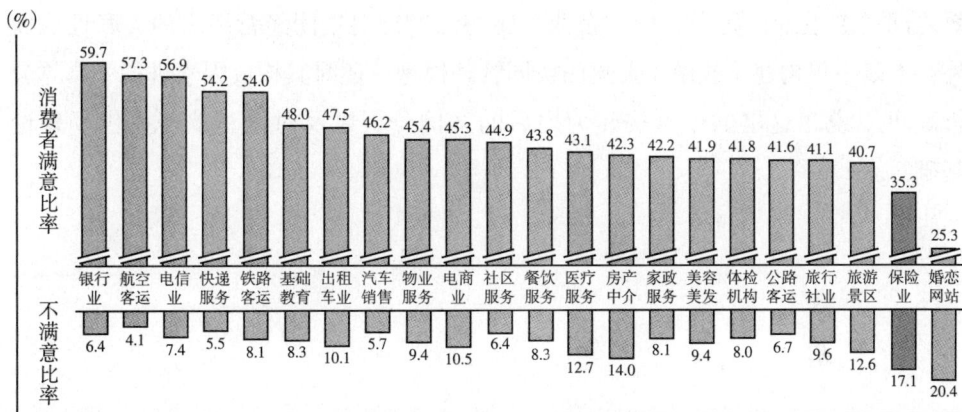

图 4-13　2012 年服务行业服务满意度调查

　　从零点企业在 2012 年底和 2013 年初进行的客户满意度调查结果看，旅游业基本属于不同类型服务行业中最差的，比较好的服务业有银行业、航空客运、电信业和快递服务，排在前四名。我们可以看出，在我国，旅游景区和旅行社是比较具有代表性的旅游企业，它们的满意度在整个服务行业内最低。因此，服务创新是当务之急。而要实现协同管理，更要在服务创新上下功夫，必须提升旅游服务层次，进行服务创新，让游客感受到与没有实现协同管理的其他旅游企业不一样的服务感受。服务创新，也就是从整体和全局上着眼，实现服务协同，保证协同企业服务质量的一致性。虽然各旅游企业为了自身生存和获利，都有自己的服务特色和服务要求，但作为协同组织，必须满足协同管理的需要，统一服务标准和规范，这也有利于提高协同企业的品牌知名度和美誉度。

# 六、本章小结

　　综上所述，本章是在上一章实证分析的基础上进行的模型构建。通过探索性因子分析和验证性因子分析，我们不仅发掘出旅游企业集团协同管理的四大因子，而且还大胆构建了旅游企业集团协同管理的结构方程模型，对其中的各种变量用定量的方式进行描述。笔者采用 LISREL 软件构建结构方程，通过模型构建、拟合、评估等途径，对旅游企业集团协同管理的四大核心因子与集团经营绩效之间的关系进行研究，探讨企业集团协同管理对集团经营绩效的关联性。此外，本章不仅构建了旅游企业集团协同管理模型，还对其构成因素进行了具体分析。可以说，这里的模型构建为之后的案例分析以及对策建议等提供了理论基础。

# 第五章　港中旅集团协同管理案例分析

前文通过文献研究分析和实证研究，找到了旅游企业集团协同管理的四大主要因子，即内部管理能力、关键资源整合、盈利模式以及服务创新，并通过构建结构方程模型，验证了四大因子的协同对于经营绩效的显著关联性。通过研究分析和深度访谈，我们也发现旅游企业集团协同管理的四大主要因子实现协同的主要影响因素，比如，内部管理能力主要通过战略引导、组织协同、协同文化环境、共享平台、激励机制、信任机制等共同作用实现协同；关键资源整合主要通过能力协同、客户资源协同、人力资源协同、旅游产品整合等共同整合作用实现协同管理；盈利模式主要通过资本结构、财务协同、商务结构和业务结构的相互适应实现协同；服务创新主要通过服务协同、特色服务、服务层次提升等来实现协同。

由于港中旅集团旅游产品比较齐全，上下游旅游链条相对完整，经营规模较大，在国内和旅游行业内具有一定的知名度和代表性，在实现协同管理，打造"旅游强企"的目标上最具有代表性和示范性，因此，本书将港中旅集团作为案例分析对象。

在本章中，将通过港中旅集团在实践中的案例来进一步验证旅游企业集团协同管理的四大因子对于集团协同效应的影响。通过案例分析，研究港中旅集团在实践中对于旅游协同管理结构模型的实际做法和已经取得的成效，在实践旅游企业集团协同管理机制模型方面还存在哪些不足，以便结合前面的实证研究，以期在下一章为旅游企业集团协同管理的实施策略提出有针对性和可操作性的建议。

# 一、港中旅集团基本情况

## （一）港中旅集团概况

港中旅是从旅行社起家的，也是中国最早的一家旅行社，于 1928 年 4 月在中国香港设立，1954 年注册为"香港中国旅行社有限公司"，成为当时中国香港唯一的中资旅行社。在此后相当长的时期内，主要经营旅游及其相关的货运和仓储业务；在国家实行改革开放后，港中旅逐步发展成长为以旅游业为主、多元化经营的企业集团。1985 年 10 月，香港中旅（集团）有限公司正式成立。20 世纪 80 年代中期开始，港中旅在深圳先后投资近 20 亿元开发建设了华侨城，兴建了"锦绣中华"、"中国民俗文化村"和"世界之窗"三大旅游景区，成为深圳特区重要的旅游明信片。1992 年 7 月，香港中旅国际投资有限公司注册成立，并于同年 11 月在香港联交所挂牌上市（股票代码：308），现为香港中资企业成份股企业。1999 年 4 月，按照中央"政企分开"精神，港中旅集团列入中央直接管理，成为国务院国资委管理的 53 家特大型国有重要骨干企业之一。经国务院批准，港中旅于 2005 年 12 月正式接收了招商旅游总公司，于 2007 年 6 月 20 日并入了中国中旅（集团）公司，进一步完善了港中旅旅游业务的全国布局，使港中旅旅游主业的综合实力进一步提高，巩固并强化了中国最大旅游企业的龙头地位。

截至 2013 年底，港中旅集团注册资本 62.63 亿元，资产总额高达 709 亿元人民币，2013 年的主营收入 517 亿元，其在中国香港和中国内地所属企业拥有员工达 5 万多人，并在中国旅游协会和中国旅游研究院共同发布的中国旅游集团二十强排行榜中连续五年位列第一（2009~2013 年）。

截至目前，港中旅集团已发展成为以旅游为主业，包括钢铁实业投资、房地产、物流贸易等为支柱产业的多元化经营企业集团。其中，旅游业涵盖旅行社、酒店、旅游度假休闲景区、主题公园、网上旅游交易平台、旅游演艺、高尔夫球会、海陆客运等多项业务领域。集团又下设旅行社板块、酒店板块、景区板块、地产板块、钢铁板块、物流板块、金融板块、资产板块八大板块，还有证件、电厂两个事业部，以及 37 个专业公司。港中旅集团的公司架构如图 5-1 所示。

## （二）港中旅集团发展历程及遇到的问题

近年来，港中旅集团根据外部环境和自身条件，明确了"三步走"的十年发展战略：

第一阶段：2001~2003 年，调整整顿、走出困境阶段。这一阶段的中心任务是：拨正航向，建制立章，清欠变现，盘活资产，厉行节支，增效减债，实现经营、财务状况基本好转。这一阶段，主要是由于 2000 年及以前受亚洲金融风暴以及集团乱投资、内部管理松散、各企业之间各自为政等因素影响，集团面临生存危机，根本谈不上协同管理。

第二阶段：2004~2007 年，全面优化、健康发展阶段。这一阶段的中心任务是：建立科学的企业发展观，保稳、重优、创新、增效，重点抓好企业产业结构、投资结构、债务结构、资产质量、服务质量、管理水平和队伍素质的全面优化，实现经营、管理、财务状况的根本好转。这一阶段是集团在发展速度和发展质量两方面都取得重要成就的时期，特别是 2007 年中国中旅集团并入港中旅，协同管理有了一定的基础，在集团内部开始有了协同管理的要求。

第三阶段：2008~2010 年，快速发展、做大做强阶段。这一阶段的中心任务是：稳健进取、持续加速，通过大力度的投资、控股、并购以及合作、结盟等有效途径，实现规模化、集约化、国际化经营，全面完成战略规划的远景目标。这一阶段，从发展战略上有了协同管理的要求。集团开始意识到通过实现协同管理，使集团从松散式管理走向集约化管理的重要性。

虽然到 2000 年，相比十年前的港中旅，集团面貌已焕然一新，解决了许多改革与发展难题，但在发展过程中沉淀和积累了一些问题，要实现协同管理，还有相当多的难题必须破解和攻克。为此，集团也专门进行了内部调研，主要难题可归纳如下：

第一，产业发展不平衡，发展和抵御风险能力较差。旅游主业虽然在国内处于行业老大地位，但是内部协同、盈利模式等难题尚未完全破解，致使主业发展速度不快、发展质量不高。

第二，部分企业亏损面较大，部分资产盈利能力较弱；部分企业管理粗放、经营亏损；部分行业市场营销能力、经营管理能力不足，盈利能力较弱，这些都

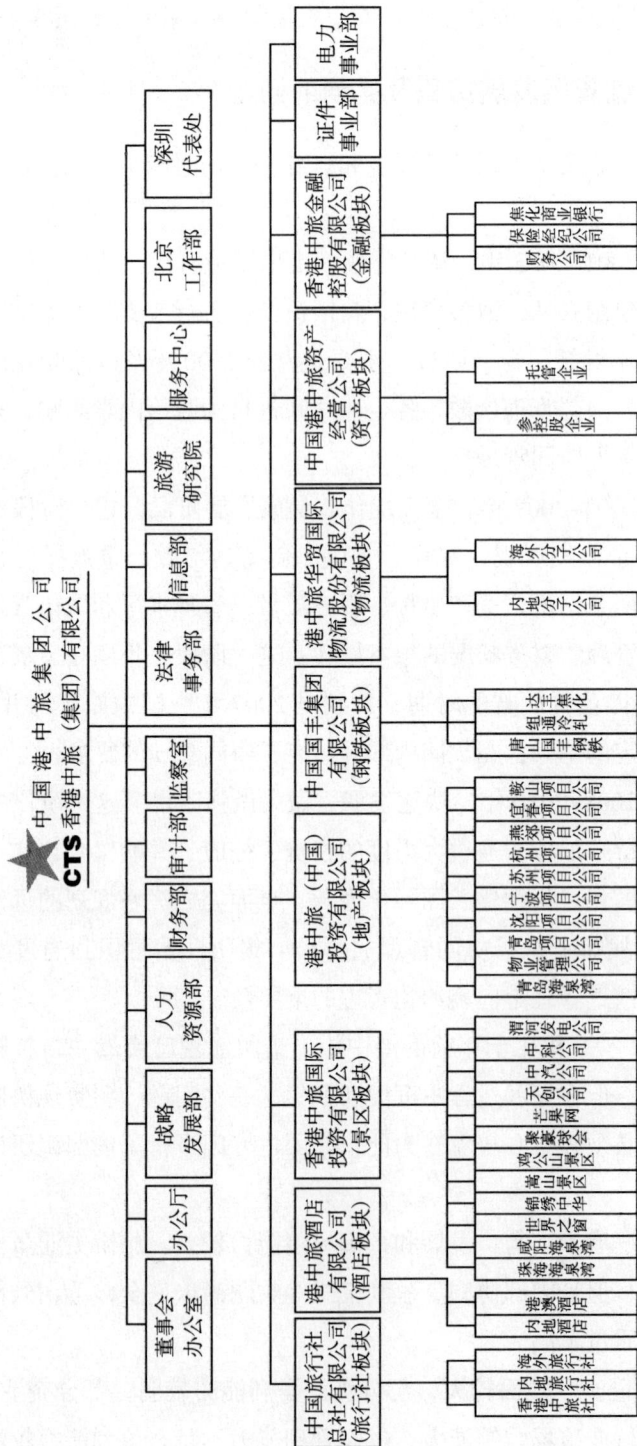

图 5-1　港中旅集团的组织架构

制约了集团总体盈利水平和资产运营效率。

第三，部分业务创新能力不强、持续发展能力较弱，普遍存在集约化程度不高、核心竞争力偏弱、行业影响力和带动力不强等问题。

第四，管理体制仍然存在缺陷，运行机制仍然存在瓶颈。集团"强总部管控下的专业化经营"体制已经建立，但是部分板块（专业）公司还存在管理体制没有理顺的问题，系统内部责权不清，运行效率低，经营机制不活问题仍然突出，难以实现集团协同管理的要求。

第五，人才队伍建设仍显不足，不适应发展需要。虽然集团在人才管理上做了很大努力，但在发展过程中，人才不足问题更加凸显，尤其是懂经营、善管理的骨干人才和领军人物不足；另外，人才队伍的知识结构、专业结构不尽合理，后备队伍培养不到位，人才队伍的整体能力亟待提高。

## （三）港中旅集团的战略定位及发展目标

从问卷调研和前文分析研究看，战略引导是旅游企业集团协同管理主要因子——内部管理能力建设方面的重要因素。下文将对港中旅集团在战略引导方面的具体做法进行分析。

进入"十二五"发展的新时期，港中旅按照国家的战略发展要求，积极回应加快发展旅游业的战略部署，同步制定并开始实施了港中旅第二个十年（2011~2020 年）发展战略规划。港中旅集团的战略定位是，作为中央管理的国有重要骨干企业，充分发挥社会主义公有制经济主体地位和国有经济的主导作用，在发展壮大国有经济、承担国有资产保值增值重要职责、坚持走中国特色社会主义道路方面发挥积极作用。作为中国旅游业的龙头企业，必须做大、做强、做优旅游主业，保持行业排头兵地位，发挥行业影响力、带动力和引领力，成为中央企业在全竞争领域的优秀代表之一。为此，未来十年，港中旅集团将实施"两步走"战略。

第一步：2011~2015 年，五年时间内，加快占有资源和进行布局、全面优化和提升。即加快进行旅游要素布局，抢占优质旅游资源，努力使旅游休闲度假及观光景区、旅行社网络、酒店规模、陆海客运、体育休闲、旅游演艺、旅游房车营地都成为中国规模最大的旅游单元，从而确保旅游业务规模和效益保持中国第一，进而成为亚洲第一。

第二步：2016~2020 年，再用五年时间，要力争规模、效益、质量、品牌和市场占有率达到世界一流。即以做强、做优、做大为要求，把旅游产业链整体优势转化成价值链、品牌和客户拥有优势，提高市场占有率，形成满足客户多层次消费的市场核心竞争力。到 2020 年，成为具有世界级影响力和品牌知名度的旅游产业集团，进入世界综合旅游集团排名前五位。

港中旅集团下决心在未来十年做大、做强旅游主业，并提出"加快要素布局、强化资源配置、创新体制机制、发挥协同管理效应、突出服务导向、提升品牌价值"的发展策略，实现要素全方位布局和核心竞争力提升，在核心资源掌控、目标人群覆盖和主要细分市场占有上争取占据显著优势；加强旅游产业各要素之间协同和资源整合，全面提升运营效率、发挥协同优势；推动品牌化建设，完善品牌体系，提升品牌知名度和美誉度；全面提高优质服务水平，丰富产品内涵和体验价值，提升核心竞争能力。

从港中旅集团进入"十二五"发展新时期所提出的第二个十年（2011~2020年）发展战略规划，我们可以看到，港中旅对于"协同管理"实现"协同发展"，"发挥协同效应"已经非常重视，上升到战略高度。为此，从通过协同管理提升集团核心竞争力的角度出发，集团针对旅游要素各分产业，提出了各自的发展目标：

第一，地面旅行社要本着"大规模、轻资产、低成本"原则，建成门店最多、分布最广的地面旅游分销网络，并不断以创新发展模式和盈利模式，提升服务质量水平，提高市场美誉度和行业影响力，实现规模化、品牌化、网络化、集约化发展。到 2015 年，旅行社接待游客要占全国旅行社系统接待游客的 10%，稳居中国旅行社行业龙头地位，同时为集团旅游协同管理输送大量客户资源。芒果网要通过模式创新和市场拓展，成为集团旅游产品实现协同管理的网上共享平台，以持续的科技创新推动旅游主业发展，在产权、体制、机制上和旅行社系统真正实现"天地联网"。

第二，酒店业务定位于中高端星级酒店，着重加大城市高星级酒店和景区度假酒店的发展力度，创造条件发展经济型商务酒店，通过自建、输出管理、划转和并购等方式不断提升市场规模，同时要适应集团旅游协同管理的要求，不断深化管理体制改革创新，实现客户资源管理信息化、集中采购一体化、人才队伍专业化和客户服务标准化。

第三，景区业务将以打造中国最多的旅游休闲度假景区为目标，以滨海、温泉、山地、历史人文为主要特色，引领中国旅游休闲发展趋势，为集团旅游企业协同管理提供丰富多样的旅游休闲消费产品。到 2015 年，将建成并完善广东珠海、山东青岛、湖北赤壁、陕西咸阳、北京房山、河北燕郊、河南平顶山、辽宁鞍山、南京汤山等地"海泉湾"系列旅游休闲度假目的地，建成以河南嵩山、鸡公山和广州丫髻山等景区为代表的山地旅游度假区；同时创新模式，推动"世界之窗"和"锦绣中华"等老主题公园持续发展，积极拓展历史人文景区和其他旅游度假目的地的发展。

第四，旅游客运要重点做好陆海客运业务转型，中汽要实现从单一粤港过境客运业务向发展内地城际和旅游专线客运业务转型；信德中旅要实现从港澳业务向内地业务的发展转型。到 2015 年，中汽要在继续保持粤港澳过境巴士第一地位的同时，成为国内最大的旅游客运服务企业，成为集团旅游企业协同管理价值链上的重要一环。

第五，旅游演艺坚持内外并重，天创演艺要打造成为中国文化旅游产业的代表性企业、中国商业演出的成功企业、走向国际演艺舞台的先锋企业，完善旅游景区常态演出、中心城市驻场演出、国际商演市场巡回演出的运营模式，以体制机制创新为动力、以产品创新为生命、以专业人才队伍建设为保证、以经济效益为中心，为集团旅游企业协同管理提供高质量和高层次的服务产品。

第六，高尔夫业务定位为体育休闲旅游业务，聚豪球会发展重点是通过自建、输出管理等方式，加快网络化布局和品牌化发展，创新管理模式和盈利模式，不断提高管理水平和服务质量，在硬件设施和软件服务上达到国际先进高尔夫标准，成为集团协同管理产品链上新的业务增长点。

第七，中旅科技业务要立足为集团旅游主业价值链协同提供信息产品和服务，并积极发展新型电子产品销售等业务；在巩固在港业务的同时，大力拓展内地市场，成为集团新的利润增长点。

第八，旅游房车业务作为旅游产品和服务新业态，未来 5 年要加快网络建设，建设约 50 个"房车小镇"，在京津、长三角、珠三角、海南岛及其他重点景区初步完成布局，进一步实现网络化、标准化、品牌化经营，形成具有独特优势的新业态，进而形成全国网络布局，带动旅游房车休闲度假产业链协同发展。

第九，旅游免税购物业务作为完善集团旅游产业链的重要环节，要完成在国内一线发达城市布局，并且结合集团旅游休闲度假区建设，实现景区业务与免税业务的协同发展。

此外，港中旅集团不仅从旅游主业自身价值链协同管理角度提出要求，还要求钢铁、地产、物流贸易三大支柱产业要协调发展，与经济和社会效益要相得益彰。希望到 2020 年，港中旅集团能够确保创新领先、管理先进、服务优良、品牌卓越的中国最大旅游集团地位，进入世界级旅游企业集团行列，位居世界旅游行业前五位。但是，港中旅集团目前发展的现状与集团的要求还有一定差距。

下面就港中旅集团旅游产业协同要素的发展现状做进一步分析。

# 二、港中旅集团旅游业态现况及管理架构

## （一）港中旅集团旅游业态现况

港中旅集团是中国目前旅游产业链条和旅游要素最全的大型旅游企业。港中旅集团控股的香港中旅国际投资有限公司于 1992 年在中国香港上市，是港中旅集团发展旅游主业的旗舰公司。港中旅集团旅游产业链较为完整，涉及"吃、住、行、游、娱、购"六个要素，包含旅行社、芒果网、酒店、景区、客运、球会、演艺、房车、游乐园九种主要业态。具体业务发展阐述如下：

第一，港中旅集团下属中旅社是中国内地历史最悠久、规模最大、网络最全、实力最雄厚的旅行社企业，目前在中国内地、中国香港和海外 16 个国家和地区有 108 家旅行社；在今后的两年内将发展成为在全国有八大区域公司、160 个分公司和 500 个直销门市的最大的地面旅游服务网络。

第二，港中旅集团下属酒店公司是集团化管理公司，2013 年底，酒店实现营业额 15 亿元左右，利润 3 亿元左右。目前酒店公司自建自营和输出管理的酒店逾 70 家，客房总数近 2.5 万间，已进入全国酒店企业前三名，在世界著名酒店杂志《Hotels》的"全球酒店集团 300 强"中位列第 43。港中旅的酒店品牌有四星级和五星级的"维景"系列和都市经济型的"旅居"系列。在国务院国资委的支持鼓励下，港中旅集团还将兼并央企中主业为非旅游产业的企业集团的酒店

资产，经过改造、提升、专业化运营管理，提高这部分酒店资产的价值和效益。借助这一特殊优势，港中旅集团的酒店业有可能快速成长为中国第一的酒店企业，打造属于中国自己的民族酒店品牌。

第三，港中旅集团下属的北京天创国际演艺交流公司，是中宣部、文化部重点支持的发展文化产业的公司，拥有多个自主知识产权的品牌剧目，在中国内地驻场演出并在全球巡演，被文化部列为首批"国家文化产业（出口）示范基地"，2010年又成功收购美国布兰森市白宫剧院并组织驻场演出，成为中国文化产业实施"走出去"战略的成功典范。港中旅集团目前有七台旅游演艺剧目，同时在北京、深圳、珠海、咸阳、桂林、西藏等地上演。

第四，港中旅集团下属在线旅游企业——"芒果网"，2005年投资成立，集机票、酒店、商旅预订以及旅游业务的全天候、全方位、一站式的服务体系，2006年3月正式投入运营，成立了华南、华北、华东三大区域公司，注册会员350万人，已进入我国在线旅游企业前"三甲"行列，2013年实现收入9990万元。

第五，港中旅集团下属景区和度假区统一在上市公司港中旅国际投资有限公司（308）名下。2000年前，集团仅有位于深圳的世界之窗、锦绣中华和中华民俗村三大景区。2001~2010年，第一个十年战略发展期内，集团一方面保持传统景区竞争优势，另一方面重点开发温泉等稀缺旅游自然资源，延伸旅游产业链，提升旅游主业的竞争力。2006年1月，由集团投资建设的珠海海泉湾度假区建成并对外营业，成为国内最大、配套齐全、特色突出、品牌卓著的新型旅游休闲度假区，顺应了旅游发展由观光旅游向度假旅游发展的趋势，2007年4月获颁国家旅游局全国首家"国家旅游休闲度假示范区"的称号。继珠海项目后，集团继续打造港中旅独有的以"海泉湾"温泉为特色的系列化旅游精品，2005年在陕西咸阳投资建设咸阳海泉湾项目，2008年建成并投入运营；2007年开发青岛海泉湾项目，打造占地110万平方米拥有千米海滩、以海洋温泉为核心的温泉度假城。经过十年发展，集团巩固并形成了三大系列景区：以世界之窗、锦绣中华为代表的传统主题公园景区；以珠海海泉湾、咸阳海泉湾、赤壁海泉湾、青岛海泉湾、成都花水湾为代表的海滨温泉系列休闲度假景区；以嵩山为代表的山地休闲度假景区，同时涉及索道等景区配套业务，投资管理了庐山秀峰索道、黄山太平索道、黄山玉屏索道、衡山索道和长春净月潭滑雪场。目前，集团正积极推进北京房山、河北燕郊、深圳下沙、南京汤山、浙江安吉、辽宁鞍山、河南鸡公山、河南平顶山、广州丫髻山等综合性旅游度假区项目，争取再用三年左右的时间，完成"十大休闲旅游度假区"及自然观光景区的战略布局。届时，港中旅集团将协同管理下属的十大度假区提供高品质产品，利用集团100余家境内外旅行社和芒果网在线旅游平台集成和输送中高档客源，中国休闲度假的"港中旅精品线路"将成为国内和国际旅游市场上的亮点。

不仅如此，港中旅集团积极发展相关旅游业务，延伸和拓展旅游产业链。其中，旅游客运业务方面，在粤港跨境业务中保持市场占有率第一，盈利水平高于同行业平均水平，营业额从2001年的1亿港元增长到2013年的2.76亿元人民币，利润总额从2001年的1245万港元增长到2013年的3090万元人民币。港中旅集团高尔夫球会——聚豪高尔夫球会从1999年正式开业以来，加强市场拓展，会籍销售保持良好业绩，并通过改造升级达到了45洞的规模，跻身全国高尔夫俱乐部前列。

同时集团还积极推进房车、旅游消费金融和旅游保险等相关新兴旅游产业的发展。

综上所述，港中旅集团旅游产业链已包括旗下的旅行社、在线旅游、酒店、景区、客运、金融、航空等旅游相关业务板块，具体分布如图5-2所示。

## （二）港中旅集团的管理架构

组织架构建设以及人力资源管理也是旅游企业集团协同管理主要因子——内部管理能力建设的重要因素，下文对港中旅集团的具体做法进行分析。

### 1. 港中旅的集团管控模式

港中旅集团主要由董事会、经营团队和监事会三部分组成。集团董事会是受国务院国资委委托，行使国有资产所有权的责任主体，是集团的决策机构，其职权依据中国内地和中国香港《公司法》及国务院国资委有关规定确定，主要包括企业发展战略、经营方针、发展规划和基本管理制度的制定、审批权；重大投资、融资、资产重组和处置的决策权；对直属公司经营班子和主要经营者的任免、考核、评价、奖惩权。董事长作为企业的法定代表人，召集、主持集团董事会和董事长办公会议。集团经营团队是董事会各项决策的执行机构，负责组织管理企业日常经营活动，行使日常经营管理活动的决策权，并承担相应的责任，向

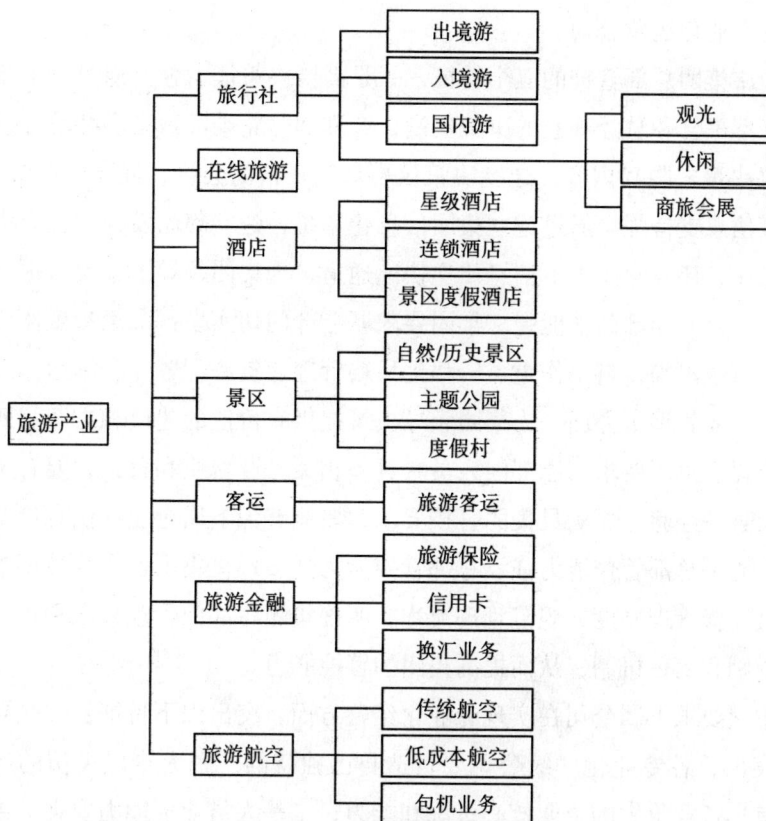

**图 5-2　港中旅集团旅游产业分布**

董事会负责,并负责总经理召集和主持总经理办公会议。从 2002 年 8 月开始,国务院国资委向港中旅派出由监事会主席和监事会办公室组成的企业监事会,监事会代表出资人对企业行使监督权。

为适应快速发展的要求,集团在总结发展经验的基础上,确立了"强总部管控下专业化经营"的管控模式,按照战略导向、层级管理、权责明确、有序衔接、协调一致、效率优先的原则,确定了集团七个职能部门、七大板块公司、相关专业公司和三级公司的弹性管理组织架构,形成了"三层架构、三级管理"的管控体系,使集团的组织架构成为集团战略执行的有效载体。通过合理划分集团与各层级管理权限,建立集团内部责权体系,规范集团与各下属公司之间的内部管理流程,建立相关管理制度,使集团成为战略规划中心、投资决策中心、财务和资金管理中心、资本运作中心和人力资源管理中心,使一级公司成为具备核心竞争力的专业化运营公司。

港中旅集团总部管控的五个特征，一是高层决策能力强。通过进一步规范集团党委、董事会和总经理室的决策机制，合理划分党委、董事会和总经理办公会不同会议决策权限和内容，建立决策议事规则，精简会议，提高会议决策效率。二是决策信息支持强。通过建立集团信息化系统，建立集团发挥"五个中心"功能的信息库，建立集团上下信息传递快速通道，为集团领导决策及时提供决策支持信息。三是职能部门功能强。集团要求职能部门切实发挥决策参谋作用，从日常事务中解脱出来，将工作重点转移到战略管理、资源配置、资本运作、运营监控和高级人才管理等方面，为集团领导决策提供有价值的建议和方案。四是部门人员素质强。集团要求职能部门人员要具备相关专业素质和背景，要有丰富的集团化公司管理经验，要满足集团管控要求，要能够为下属企业提供有价值的指导和服务。五是总部管控能力强。总部管控能力强表现在集团各项管控要求落实到位。通过完善管理制度，规范管理流程，明确集团各部门管理权限和责任，建立科学的激励和约束机制，从而提高集团的管控能力。

港中旅要求下属公司在实现专业化经营方面，突出以下特征：一是要求核心竞争力突出，各专业化一级公司要打造自己独特的、别人难以模仿的产品和服务，拥有具备竞争力的企业核心资源和能力；二是人员业务能力要强，要求各一级公司管理人员，要成为该行业的管理专家，各一级公司的业务骨干在各专业领域要做到高、精、尖；三是服务质量和产品具有行业优势，一级公司研发和生产的产品或服务无论是产品质量、技术含量，还是服务品质要在行业内居于领先水平；四是经营管理专业化程度要高，一级公司的高级管理人员要成为各自分管工作的行家里手，要具有经营决策能力、经营管理能力、市场应变能力、开拓创新能力、风险防范能力和驾驭复杂局面、解决实际问题的能力；五是市场占有率和社会影响力大，一级公司在行业内市场占有率要处于相对领先或绝对领先水平，产品和服务的社会知名度和社会影响力要大；六是品牌形象价值和美誉度要高，各一级公司通过品牌建设和管理，要使品牌价值增值，树立市场良好品牌形象，提升品牌美誉度，市场满意度要达到90%以上。

2. 港中旅集团人力资源管理

人力资源是企业的关键资源，也是协同管理进行关键资源整合的重要因素。港中旅集团是一个具有80多年历史的老国有企业。特别是在20世纪八九十年代，集团人员，特别是高级管理人员大多是政府部门派遣和交流过来的，对市场反应不灵敏，管理上也多延续政府机关的做法，机制不灵活。近年来，港中旅集团进行了一系列人力资源管理改革。经过不断的实践和完善，特别是"三定"、薪酬和用工制度改革的推进，集团的人力资源工作已经从单纯的程序化、事务性的人事管理，向具有现代人力资源管理理念的人力资源管理过渡，初步建立了较为完整的人力资源制度体系。港中旅集团在用人机制上进行了一系列改革，对经营管理人员的选拔制度进行了探索。集团的公开竞聘上岗从 2002 年以中旅物流贸易公司总经理职位开始试点，发展到如今集团主要岗位均采取按"公平、平等、竞争、择优"原则，以不拘一格的选人用人方式竞聘上岗。空缺岗位的选才范围也从原来主要在系统内进行挑选，发展到进行全国性乃至全球性的公开选拔。各类管理人员和专业人员开始在港澳、内地之间交流，在职能部门与经营公司之间轮岗。通过用人机制的改变，选拔、引进了一些专业能力较强的人才充实到各个急需岗位，这批人已成为各方面的业务骨干，满足了企业发展的需要。在转变用人观念的同时，港中旅也努力探索改善招聘选拔人才的流程和手段。目前，外部招聘已基本形成笔试、小组面试、组织考察和背景调查相结合的，比较科学、成熟的选拔程序和选拔方法，保证了引进人才的质量。内部竞聘采取了个人自荐、民主推荐、小组面试和组织考察相结合的方式，确保选拔程序的公平、公正与公开，也使德才兼备的员工被选拔到相应的经营管理岗位。

为了更好地实施现代人力资源管理，港中旅从 2002 年开始建立了董事会管理人员综合绩效考核制度，并于 2004 年起引入了世界 500 强企业普遍采用的 360 度考核。近年来，考核程序和指标体系在不断完善，从最初的各类岗位统一的 25 个考核指标体系，发展到如今尽可能体现经营管理单位与职能部门的不同特点，重点突出，更具针对性和操作性，评分标准相对更科学的分类指标体系。同时，考核结果的运用也越来越广泛，越来越深入，为干部识别、选拔、轮岗、培养、激励等方面工作打下了较好的基础。从 2005 年 7 月开始，通过实施"三定"、薪酬和用工制度改革，陆续在集团职能部门和许多子公司进行薪酬制度调整，对薪酬体系进行再设计，参照市场化的薪酬体系，调整薪资结构和水平，建立多路径薪酬框架等，增强了激励的科学性和针对性。

在人力资源培训方面，港中旅集团每年为董事会管理人员和业务骨干进行一到两次集中培训。培训工作从仅仅利用公司资源组织内部培训，发展到充分利用外部资源。虽然在人力资源管理方面，港中旅近年来取得了很大进步和突破，但港中旅自身也意识到，当前，发达国家企业的人力资源已位列三大资源（人力资源、财力资源、物力资源）之首，人力资源管理已被提升到企业发展的战略高度，同时也成为提升企业竞争力的"核心武器"。相对来说，集团还有许多人员的人力资源管理理念比较传统，用人观念也比较陈旧，尤其是对人才激烈竞争的认识还不够深刻，对人才培养的重视和投入还不够，在人力资源规划、招聘、培训、绩效管理、激励、职业生涯管理等方面还没有形成良好的互动体系，尤其缺乏有效的长期激励手段。

# 三、港中旅集团协同管理的现状、问题与动因分析

## （一）港中旅集团协同管理的现状

近年来，港中旅集团营业收入稳步提升，集团规模越来越大，业务板块越来越多，这无形中又对港中旅集团的协同管理提出了一大挑战。

首先，我们先来分析一下港中旅过去十多年间生产经营和发展变化情况，具体财务数据如图 5-3 所示。

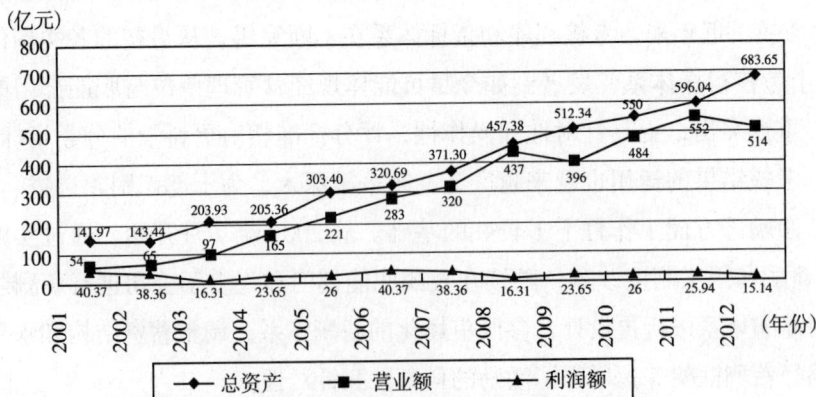

图 5-3　港中旅集团 2001~2012 年主要的财务数据

2013 年，港中旅集团实现营业额 517 亿元，同比增长 1.1%；实现利润 18.66 亿元，同比增长 21.6%；总资产达 709 亿元，同比增长 4%。可以说，十多年来，港中旅集团的总资产逐年上升，其营业额也是稳中有升，略显不足之处就是其利润总额始终未见起色，甚至还处于下降通道。由此可见，港中旅集团在做大做强的同时，必须要加强内部业务之间的协同管理，发挥出集团的协同效应。

虽然港中旅集团对旅游资源协同管理进行过多次研究和探讨，业务有所发展，但始终没有找到重要突破口，没有找到协同管理的方法和措施。在集团未来十年（2011~2020 年）的发展规划中，对旅游主业各单一公司发展目标都做了详细的描述，但是缺少旅游资源协同发展目标的具体描述，仅仅有原则性要求和定性的描述。

在港中旅集团十年规划目标中专门有一章提出要"发挥旅游产业链协同效应"，具体要求是：未来十年，集团旅游主业在加快旅游产业全要素布局的同时，重点加强旅游各产业之间的协同，实现资源集约化、效益最大化和发展最优化，推动旅游主业从产业链到价值链发展质量的转变，巩固并提升集团旅游产业整体竞争力。具体说明如下：

第一，强化协同增效。通过旅游产业链上各要素之间的业务协同，加大旅游产业在上下游之间、不同区域之间、不同市场之间、不同产业要素之间的协同力度，做到市场规划、产品研发、服务质量和品牌标识的统一规范，提升旅游产业链整体市场影响力和竞争力。

第二，优化资源配置。通过建立和完善内部交易平台，重点加大集中采购力度，提升客户信息资源共享能力，完善人力资源优化配置，并探索其他资源配置方式，推动各类资源在产业链内部有效流动，促进资源在产业链内部的优化配置。

第三，建立协同考核与利益补偿机制。通过创新考核机制，将各要素之间的业务协同指标导入考核体系，保障旅游产业链协同工作有效推进，促进协同目标的分解落实和最终完成；并建立业务协同的利益补偿机制，充分调动各企业的积极性，从根本上解决旅游企业协同一体化问题。

这一段描述中，提到了协同管理的几个关键因素，但没有具体的协同发展的量化目标，也没有如何实现这些要求的方法和手段。比如，如何统一规范服务和产品，如何优化资源配置，如何建立利益补偿机制等，没有具体的办法。为此，这也是本书研究的一个现实需要和研究重点之所在。

为形成集团的协同合力，港中旅集团也是一直在不断探索：

第一，内部管控方面。集团从 2007 年开始提出"强总部管控下专业化经营"的管理理念。集团总部重点从战略规划、投资决策、财务和资金集中管理、资本运作和人力资源管理五个方面，强化集中管控，成立高效专业的总部职能部门，强化以上五个方面的管控职能。在管理体制上，要在面对国内旅行社"散、小、弱、差"的局面下首先走集约化经营，改变目前集团在中国香港、中国内地和海外三地分散经营、块块分割的局面，建成强集团总部控制下的业务一体化、专业化的地面旅行社公司，提高整体协同作战能力。通过重新设计组织管理架构，再造业务流程，加强信息化建设，使旅行社的管理做到扁平高效、机构严密、信息畅通、上下管理顺畅、执行到位，使旅行社业务与集团景区、酒店、剧场、客运紧密结合、相互依存、共同发展。

第二，资源整合方面。集团前期旅游资源相对分散，近年来，集团已经意识到资源粗放经营的弊端，开始尝试进行资源的集约化整合和有效利用。从旅游链条各环节入手，集团提出了"外抓资源开发，内抓整合提升，建好天地两网，再造架构流程，突出品牌战略，实施跨越发展"的整合思路，试图走出一条具有港中旅特色的发展之路，实现经济增长模式和经济效益增长方式的转变，并提出重点实现"三个转变"，即由旅游服务的中间商向旅游产品的供应商转变，由旅游产品的零售商向旅游产品的批发商转变，由旅游单一产品的分散经营商向旅游产品的集成商转变。集团将对旅游品牌资源进行整合与统一管理，进行港中旅统一品牌下的分业务品牌设计，要实现统一品牌、统一经营规划、统一采购、统一营销，把中国香港、海外和中国内地"三位"形成一体，建成港中旅一体化、专业化的旅游公司，成为国内最大的各种旅游产品（包括港中旅所有景区、酒店等旅游资源）的批发商、零售商和代理商；并利用 2~3 年时间，把集团下属芒果网建成集团旅游信息集聚共享的平台，成为集团订房、订票业务统一对外采购和销售的平台，成为与地面旅行社、景点、休闲度假区、酒店等旅游资源有效连接的桥梁和纽带。

第三，特色盈利模式方面。以旅游资源创利，以地面旅行社创品牌，以芒果网打造统一采购和销售的信息平台，以壮大酒店、客运等其他旅游业务作配套，真正闯出一条具有港中旅特色的旅游发展之路；同时，以旅游和地产互为依托，互补互促，相互拉动，实现两项主要业务协调发展，经济效益双增长，提升集团持续经营和盈利能力，形成集团旅游与地产长期稳定发展的良好局面。

第四，服务创新方面。重点在于创品牌，建立统一服务标准和服务规范，抓客源，提升社会效益；通过旅行社的优质高端服务，提高集团在国内外的品牌美誉度和市场知名度，真正在国内外唱响"要旅游就找港中旅"的口号和信誉。

第五，在协同管理方面，港中旅集团营销委的成立，未尝不是关键资源整合的一种探索。集团营销委是总经理室领导下的常设机构，由集团分管旅游工作的副总担任主任委员，集团分管各旅游相关企业的副总担任副主任委员，集团各旅游企业主要负责人和分管市场的负责人担任委员。营销委根据集团年度经营计划总体安排，负责制定并实施当年旅游主业营销总体方案。营销委下设办公室，挂靠在旅行社板块公司，旅行社板块总经理担任主任，集团企发部一位副总，旅行社板块、芒果网分管市场的副总担任副主任，设两名专职工作人员。营销委办公室为营销委的日常办事机构，具体负责制度制定、市场研究、考核落实、会议组织、决议落实和整合营销、要素调度等日常工作。但是，营销委尚没有真正起到应有的作用，更没有进一步深入探讨营销委的运作模式。

港中旅集团下属香港中旅社曾提出了大营销的理念。这是集团协同管理的一种雏形和探索。大营销的概念是美国著名市场学家 Philp Kotler 于 1984 年提出的。大营销的战略思想是：在贸易保护主义盛行的今天，企业仅靠传统的产品、价格、分销及促销四大营销策略，已不足以冲破封闭的市场。除必须采取四大营销策略外，还需要借助权力和公共关系。也就是说，在战略上协调使用经济的、心理的、政治的和公共关系等手段，以获得经销商、供货商、消费者、市场营销研究机构、有关政府人员、利益集团和宣传媒介等的合作及支持。把大营销的思想用于企业，就是打破传统营销的形式，建立以客户为中心的整合营销体系。

香港中旅社提出大营销，就是以为消费者提供旅行产品服务为目的，通过资源采购、产品制作、客户销售等主要环节，建立供货商、产品、客户群、资金的价值体系，以前后台分离的操作方法，在完成公司价值创造的商业模式中，客户销售是实现产品价值的关键。从 20 世纪 90 年代末起，香港中旅社陆续在港澳地区建立了 40 余家直销门市，销售旅行团和各种代理产品。随着市场的不断变化和销售渠道的多元化，香港中旅社大营销的理念逐渐形成和强化，大营销的运作也在逐渐完善。经过两年多的运作，香港中旅社的大营销从形式到内涵，取得了不断的进步。

大营销是以客户为中心的整合营销体系。以客户为中心就是营销的核心是消费者，要从消费者的需求出发，通过建立客户管理系统，对消费者进行全面的管理。整合营销体系是以企业战略为基础，对企业从业人员、投资者、小区、媒体、政府、同业等内外部关系进行整合。大营销是一个动态的整合过程。在这个过程中，公司追求的是管理水平、效益水平、持续发展能力的全面提高。目前，香港中旅社以市场拓展为引领，形成市场引领、前台销售、后台操作的为港澳居民旅游服务的业务循环。以市场拓展为引领表现为：通过消费者需求调研、品牌和产品定位、推广策划、广告宣传、旅游环境分析以及行业对标等活动、实现服务和产品的扩大化。在市场—销售—操作的业务循环中，其形式上表现为各行为主体在发挥作用；其内容上表现为各行为主体围绕着消费者，了解消费者的需求，生产消费者想购买和愿意付出成本的产品。就香港中旅社整体而言，这个业务循环又会得到人力资源、财务和行政等各方面的配套支持。

从香港中旅社大营销的方式，我们可以把这当作协同管理的一种单一尝试。但从中我们也能看到协同管理的许多共同之处，那就是战略引导和市场导向结合、关键资源统一配置、盈利模式合理、按消费者需求不断进行服务创新等。

近三年来，在集团不断重视旅游协同管理的努力下，旅游主业占比有所提升。在旅游板块、物流板块、钢铁板块的营业收入具体如表5-1所示。

表5-1　近三年港中旅各业务板块营业收入情况

| 分类 | 2011年 | | 2012年 | | 2013年 | |
| --- | --- | --- | --- | --- | --- | --- |
| | 营业金额（千元） | 所占比例（%） | 营业金额（千元） | 所占比例（%） | 营业金额（千元） | 所占比例（%） |
| 旅游板块 | 12518971 | 22.70 | 13656485 | 26.81 | 13318971 | 25.73 |
| 物流板块 | 6960272 | 12.62 | 7506966 | 14.68 | 8460272 | 16.25 |
| 钢铁板块 | 32926390 | 59.70 | 26344240 | 51.47 | 25783760 | 49.71 |
| 其他 | 2745890 | 4.98 | 3588512 | 7.04 | 4300551 | 8.31 |
| 合计 | 55151523 | 100 | 51096203 | 100 | 51863554 | 100 |

从旅游企业的利润贡献来看：2010年为6.3亿元，2011年为7.38亿元，2012年为8.37亿元，到2013年已经达到13.3亿元。旅游主业通过协同管理发挥的作用已经初步显现。

但总体来说，目前港中旅集团各项业务比重还是严重失调，撇开其他业务，旅游所占主要业务收入总额的比重偏低，而非旅游业务的钢铁产业却独占鳌头。这与港中旅的战略定位有很大的冲突。为此，港中旅集团未来发展的目标是把旅游主业做强做大，旅游主业结构调整目标：到 2015 年，集团年营业收入达到 1200 亿元，年利润总额超过 70 亿元，总资产超过 1300 亿元，净资产超过 450 亿元。其中，旅游主业年营业收入超过 530 亿元，利润总额超过 30 亿元，集团旅游主业占营业收入的比重，将由 2010 年的 25%，提升到 2015 年的 44%；利润总额所占比重，将从 2010 年的 8%，提升到 2015 年的 43%，集团"一主三支"的产业布局将更加合理、发展更为均衡。

具体发展规划目标如表 5-2 所示。

表 5-2　港中旅集团未来产业发展规划

| 主要业务 | 营业收入（亿元） | 份额（%） | 利润总额（亿元） | 份额（%） |
|---|---|---|---|---|
| 旅游主业 | 530 | 44 | 33.2 | 42.5 |
| 钢铁 | 500 | 41.4 | 30.0 | 38.4 |
| 房地产 | 50 | 4.1 | 10.0 | 12.8 |
| 物流 | 100 | 8.3 | 2.0 | 2.6 |
| 资产公司、渭电 | 27 | 2.2 | 2.9 | 3.7 |
| 合计 | 1207 | 100 | 78.1 | 100 |

## （二）港中旅集团协同管理存在的问题分析

为了有效地提升集团协同管理绩效，鉴于自身工作的缘由加上个人研究的爱好，笔者对港中旅集团高管人员及各业务板块员工进行有针对性的访谈。在访谈中，笔者深刻认识到港中旅集团目前发展中存在的问题，而且对其面临的优势、劣势、机遇与威胁进行了汇总，如表 5-3 所示。

表 5-3　港中旅集团的 SWOT 分析

| 优势（Strengths） | 与国内对手比：政策优势/品牌优势/资金优势<br>与国际对手比：本土优势、旅游产业链相对比较完善、集团产业多元化给旅游业的整合、扩张提供了缓冲和支持 |
|---|---|
| 劣势（Weaknesses） | 旅游资源分散，缺乏协同，盈利能力不高<br>旅行社过度依赖办证业务，在入境游、国内游、会展等细分市场缺乏竞争力<br>酒店的管理能力、品牌形象亟须提升<br>景区业务还未形成明确的运作模式，现有投资回报率低 |
| 机遇（Opportunities） | 中国旅游市场巨大容量及高速增长的市场，包括出入境、商旅、会展在内的多个国内细分旅游市场集中度很低，缺乏真正的领导者<br>随着更多的消费者转向休闲度假游，度假村、景区酒店市场机会凸显，这为政府商旅采购逐步市场化提供了历史性机遇 |

| 威胁（Threats） | 国内旅游市场竞争激烈，毛利低<br>入境游与国旅比较有较大差距，且国旅正在大力扩张门店，在国内游、出境游方面，春秋、凯撒等依靠灵活的机制和运营模式抢得了市场先机<br>酒店面临国际和本土领先酒店集团的挤压 |
| --- | --- |

　　从港中旅集团来说，对旅游资源协同管理已经非常重视，并提出了协同目标和措施，但是始终没有落实下去。到底是什么原因呢？带着这个疑问，笔者通过调研和访谈，了解到的问题及原因有以下几个方面：

　　第一，老国有企业的管理体制弊端。干好干坏一个样，"大锅饭"现象严重，没有人愿意去做创新和冒险的事。责权不清晰，集团管理跨度大、管理层级多，各层级责权利不够明确，把问题和矛盾焦点都集中到集团总部，总部忙于应付日常管理事务，管理层级过多，管理链条过长，管理效率低下。管控制度尚不完善，决策流程和程序尚待改进，信息不通畅，集团总部职能部门对下属公司不能做出及时迅速的反应，也难以对下属企业提供有价值的指导和服务。

　　第二，本位主义存在。下属公司对集团整体利益关心不够，大局观念和长远观念欠缺，往往只考虑眼前和局部利益，只考虑本公司短期目标和效益。

　　第三，组织架构不够合理。组织架构上，管理链条过长，层级过多，管理层次过多，市场应变能力差，严重束缚企业发展活力。

　　第四，内部运行机制缺位和激励措施缺失。机制不活，激励和约束保障机制不健全，责、权、利机制配套不完善，责任主体不明确，管理制度，特别是业绩评价体系、约束机制尚不健全。在考核和激励上，缺乏调动各下属公司积极性和创造性的有效激励手段和措施。

　　第五，技术手段支持不到位。对促进和强化管理的先进技术方法和手段运用还不够，特别是没有利用技术平台建立旅游资源统一共享平台和内部协同管理系统。

　　第六，协同模式的深入研究不够。对于协同管理集团领导重视较多，从战略层面上考虑得较多，但下面公司领导重视不够，落实到执行层面的方法和措施不多，特别是对如何建立协同管理模式研究不够。

　　第七，内部管理能力不足。旅游资源分散在不同企业、不同单位、不同管理主体，内部协同管理能力欠缺，没有建立有利于协同管理的组织架构和有效的管理方法。

港中旅集团董事长也意识到阻碍集团实现协同管理的上述问题，曾明确提出，要做强做大旅游业务，必须在"加快要素布局、强化资源分配、创新体制机制、发挥协同效应、突出服务导向、提升品牌价值"上狠下功夫。许多港中旅的高层管理人员也都意识到，如果集团能够将内部的旅游资源统一在一个系统中进行协同管理，旅游业务的发展前景将十分广阔。通过这样一个系统，将旅游者的消费剩余留在企业内部，可以实现旅游价值的提升和效益的最大化。许多受访者认为，要保证协同管理，提高资源整合效率，关键是解决内部契约和相关制度的问题。整合后的企业要通过协同管理，形成自己的核心竞争力，同时要充分利用好企业品牌，做好品牌管理。

## （三）港中旅集团协同管理的动因分析

为了壮大发展旅游产业，港中旅已经深刻意识到：要实现集团确定的发展目标，做大做强旅游主业，必须进行协同管理，切实发挥旅游资源的协同效应。虽然旅游业本身的利润薄，但是，旅游的带动效应明显。例如，上海正在建设迪士尼乐园，是全球第 6 个、中国第 2 个迪士尼乐园。根据政府部门研究显示，迪士尼每年门票收入近 60 亿元。根据迪士尼的产业链带动效应进行分析，平均 1 元的门票将会带动 8 元的消费，从最基本的旅游链条——"吃、住、行、游、娱、购"等消费，迪士尼每年能带动服务业产值达到 480 亿元。由此可见，旅游协同管理所带来的协同效应将十分明显。

在整个访谈过程中，90%以上受访者认为，港中旅的旅游资源分布很广，旅游链条也很完整，但是存在的最主要问题，是旅游资源分散，缺乏协同，盈利能力不高。无论从战略层面，还是从经营层面来说，都是如此。大家普遍认为，港中旅集团应进一步提高旅游业务产业链一体化程度，进一步推动旅游业务板块中旅行社、芒果网、酒店、景区、客运、演艺等内部资源和业务流程的全面协同和整合提升；应加强各业务板块的分工协作及功能互补，形成"地面"与"在线"业务的有效结合和互相支撑；重新设计、调整旅游板块业务流程，通过旅行社、芒果网的服务支撑和有效联结，打造各旅游景区资源和酒店、客运产品衔接的坚固服务链条；通过整合，使人、财、物、品牌、客源、信息、产品等得以集成组合、优化配置，并最大限度地实行资源协同内部共享，形成规模化、集约化优势和协同效应，提升旅游主业整体价值。从实质上说，就是要实现集团的旅游业务协同管理。

其实早在 2010 年 7 月，港中旅集团经过多年研究和探索，就提出要进行旅游资源整合协同。希望把集团旅游主业相关的涉及"吃、住、行、游、娱、购"的六个要素、九种业态和相关产品转化为统一的价值链进行协同管理，提升港中旅旅游的核心竞争力。主要策略是要积极推进"五统一"，即要"统一市场规划推广、统一建立产品平台、统一 CRM、统一采购、统一品牌标识"。并且也试图建立制度和机制保障以加快推进旅游资源整合。为此，港中旅集团的主要领导挂帅，成立专项工作领导小组，建立定期沟通和会议机制，并建立相关奖惩办法和补贴措施，利用信息化手段和通过强化企业文化意识，推动协同整合。

当时，港中旅集团提出旅游资源协同管理的目的，在于促进集团旅游主业的全面优化、全面创新、全面提升和全面发展，希望从数量和质量上实现"中国第一、亚洲前茅、世界一流"的战略目标，成为龙头产业中的龙头企业。集团也提出了在整合产品、市场、客户和销售的过程中，按照效益最大化、发展最优化、战略引导、利益重组、统筹规划、分步实施的原则，把集团旅游主业中旅行社、芒果网、酒店、景区、客运、球会、演艺、房车、游乐园九个主要业态、要素协同转化为统一的价值链条，提升旅游核心竞争力。

为了实现旅游资源协同管理，港中旅集团各级高管人员也研究了很多思路和方法。旅游业务各板块比较有代表性的观点包括：

第一，旅行社板块提出，加快地面旅行社改革整合步伐，将模式创新、流程再造作为集团旅游产业链条上输送客源的枢纽，构建反应迅速、业务协同、信息共享的旅行社联动机制，提高集团内部各旅游要素的整体效益。整合协同可以本着"先易后难、以点带面、分步实施"的原则，通过天地联网，整合系统内部资源，解决资本重复投入。

第二，酒店板块公司提出，加快酒店板块内部的重组改革进程，要将所有的酒店都变成集团旅游资源的收客点、宣传点、促销点；加大同集团其他企业的协同，并使合作常态化。

第三，芒果网公司提出，把芒果网自身定位于综合性的在线旅游服务商和一站式的在线旅游大超市，加快企业整合提升步伐，集中做好在线服务和分销管理，剥离不相符的业务；与其他旅游要素的协同主要体现在业务的代理、配送、呼叫中心、网站、联合采购、联合市场推广等。

第四，珠海海泉湾等度假区公司提出，作为包括酒店、温泉、商业街、演艺的旅游休闲度假地，本身就是对旅游要素的有效整合协同，符合旅游业的发展规律，探讨集团景区间演艺节目及演员资源相互交流和共享的模式，要实现协同营销，通过集团芒果网、海外旅行社加强对景区在国内外市场的宣传。

第五，深圳"世界之窗"等景区提出，要突破地面旅行社和芒果网现有的运营模式，建立内部旅游信息协同平台，包括集团所有的旅游要素，通过这些要素的组合与调配，以最快的速度满足游客市场的需求；同时要突破企业间利益的分配机制，按市场运行规则，在同等条件下首先使用集团内部的资源，互惠互利；集团要有一套内部资源公平使用的制度，让内部企业间的运营公开透明；突破核心管理层和业务骨干的收入分配机制；要成立工作委员会，下设旅游主业战略研究小组和跨企业部门旅游资源整合小组；要加快落实港中旅大品牌战略和积极推进 CRM 建设工程。

以上这些种种观点，是旅游从业者在自身工作实践中对协同管理的实际需要和体会，从不同侧面都对集团的协同管理提出了很好的思路和办法。集团协同问题已经不再停留在单一板块的问题上，而是上升到集团层面的问题。正是带着对这些问题的思考，笔者开始了集团协同管理系统研究。可以说，这也对本书协同管理模式构建起到了极大的启示作用。


## 四、港中旅集团协同管理模式的构建

根据之前所做的协同管理的问卷调研和港中旅集团协同发展实践，特别是在第三章和第四章的实证研究和结构方程模型构建方面，我们提出旅游企业集团协同管理模式，主要是从四个维度，即内部管理能力、关键资源整合、盈利模式和服务创新四个方面加强集团各板块、各部门之间的管理协同，进而实现真正的协同效应，确保市场竞争力。

可以说，旅游企业集团协同管理模型还是要从集团层面主导，要旅游价值链各企业配合，共同努力才能实现。也就是说，旅游企业集团还是要通过集团母公司及其子公司在集团内部就内部管理能力、关键资源整合、盈利模式和服务创新四个维度展开密切合作，相互沟通，形成集团，进而产生集团协同效应。

## （一）港中旅集团的内部管理能力

港中旅集团的内部管理特色和能力，经过分析，概括为以下六个方面：

第一，战略管控能力。港中旅集团十分重视战略管理，注重战略规划建设。同时，不断优化顶层设计、不断完善，做强做优旅游主业、协调发展钢铁产业、加快体制机制改革等方面的方向和路径。围绕实现战略目标，审批年度经营计划，部署年度发展任务，确定了板块公司、专业公司的年度目标责任书，签订"军令状"，逐项细化年度目标任务和中心工作。结合市场变化情况，每三年一次，组织系统梳理修订板块公司、专业公司发展子战略、子规划，完善提升核心竞争力和实现跨越式成长的具体实现方式、路径、措施和进度要求，增强了战略实施的可操作性，为实现可持续发展奠定了基础。

第二，文化环境塑造能力。港中旅集团颁布实施了《集团企业文化建设纲要》，集团董事会和经营班子成员带头践行"敬业、和谐、激情、创新"的企业文化价值理念，注重坦诚做人，阳光做事，讲团结、讲民主、讲奉献，大事讲原则、小事讲风格、工作讲配合。

第三，资源配置能力。集团在资源配置方面积累了不少经验，资源配置能力不断提高。一是协调配置外部资源。比如，成功接收中国移动重庆丽苑酒店，为做大酒店规模开拓了一条新路；集团与世界最大旅游企业德国途易积极开展股份合作。二是拓展新业务资源。比如，集团全力推动文化与旅游融合发展，积极打造旅游文化产业，参与北京天坛演艺区建设；银监会正式批准集团成立财务公司，为集团探索开展旅游金融、促进产融结合提供了平台。三是占有战略资源。比如，集团围绕"滨海温泉"和"山地休闲"两大系列占有资源，布局投资。青岛海泉湾、辽宁鞍山、河北燕郊、深圳下沙等休闲度假目的地项目取得阶段性进展；宁夏沙坡头、浙江安吉、青岛崂山等山地休闲项目积极推进；在北京密云建成了中国首个标准化房车营地小镇——南山房车小镇，第二个和第三个试验性房车营地分别在成都和赤壁开业。

第四，抓体制机制创新能力。一是落实强总部管控下专业化经营的要求，完善理顺管控体系。二是建立健全企业法人治理结构，在下属企业开展董事会试点工作。三是加强业绩导向，强化经营发展责任。四是强化制度保障，提高运营管理水平。

第五，人才队伍管理能力。集团坚持人才是发展的第一资源的理念，以人为本推动企业发展，重点加强领导班子和人才队伍建设，进一步提升高管人员的专业素质和经营管理能力。一是改进和完善了选人用人的方式方法，加强领导班子建设。二是启动大规模的校园招聘，招聘急缺专业人才。三是谋划实施人才培训工作，启动高管及不同层次人才培训的"星耀工程"。

第六，履行社会责任能力。近几年，集团的社会责任工作迈入央企前列，2011年发布首份旅游央企社会责任报告，并应中国企业联合会邀请参加了联合国全球契约。集团积极履行节能减排环保公民责任，荣获国资委"十一五"中央企业节能减排优秀企业奖。集团开展贵州、云南三县定点扶贫工作，被国务院扶贫开发领导小组评为全国扶贫开发先进集体、被云南省评为"十一五"期间年度社会扶贫先进集体。

为研究旅游主业协同管理问题，对港中旅集团的旅游主业竞争力进行抽样分析评价。根据抽样调查和问卷访谈结果分析如表5-4所示。

表5-4　港中旅集团旅游主业竞争力的调查结果

| 指标 | 好 | 较好 | 一般 | 偏弱 | 弱 |
|------|------|------|------|------|------|
| 集团规模 | √ | | | | |
| 集团管控能力 | | √ | | | |
| 集团获取资源能力 | √ | | | | |
| 旅游主业规模 | | √ | | | |
| 专业化经营水平 | | | √ | | |
| 细分市场占有率 | | | √ | | |
| 技术产品创新能力 | | | √ | | |
| 融资能力 | | √ | | | |
| 品牌美誉度和知名度 | | √ | | | |
| 资源整合能力 | | | √ | | |
| 管理人员素质 | | | √ | | |

对港中旅集团经营发展情况，从竞争力方面进行 SWOT 分析，如表 5-5 所示。

表 5-5　港中旅集团 SWOT 分析

| 优势 (Strengths) | 劣势 (Weaknesses) |
|---|---|
| ● 国内规模最大的旅游集团，央企旅游龙头企业，业务遍及国内、港澳和海外，具备发展成为具有国际竞争力和影响力的大型旅游集团的实力和基础<br>● 品牌在国内和港澳地区具有广泛的认知度和市场价值<br>● 旅游主业产业链条比较完整<br>● 具有较强的融资能力，"一主三支"的产业定位，为旅游主业平稳、快速发展提供有力支持<br>● 具有全国规模最大的旅行社系统，营业规模最大，市场布局最广<br>● 在除自然景区以外的国内景区、度假区投资和经营方面具有一定领先优势<br>● 相对于国际竞争对手，本土化的优势明显 | ● 与国际一流旅游企业集团相比，在经营规模、运营模式、市场份额、品牌价值、管理水平、创新发展、IT 应用和人才素质等方面存在较大差距<br>● 旅游主业的核心业务竞争力不强，盈利主要依赖政策性业务<br>● 管理框架不合理，管理体制、运营效率不高，创新能力较差<br>● 资源布局分散，集约化程度不高，协同效应和品牌效应尚未显现<br>● 旅行社业务一体化经营和管理的水平低，与在线业务尚未实现有效整合<br>● 酒店业务和景区业务发展模式尚不清晰，品牌知名度还需进一步提高<br>● 演艺、高尔夫、客运等业务总量偏小<br>● 管理人员职业化程度较低 |
| 机会 (Opportunities) | 威胁 (Threats) |
| ● 中国旅游市场具有巨大发展潜力和较高增长速度，旅游行业将受惠于国家拉动内需的长期战略<br>● 行业龙头地位，在未来产业布局调整处于有利位置，获取资源的优势明显<br>● 旅游市场产业集中度很低，缺乏真正的行业领导者<br>● 消费升级开始出现，多元化需求趋势明显，景区和度假区的市场机会凸显<br>● 经营效率高的企业开始注重资本化运作，为具有资金优势的企业提供了战略合作和收购兼并的机会 | ● 国际一流旅游企业已经开始进入中国市场，潜在威胁较大<br>● 部分竞争企业利用资源优势和先发优势已经具备较强的竞争实力，一些国有旅游企业已经开始进行有效整合<br>● 新技术的应用对旅游产业发展的影响越来越明显，将对未来旅游行业的竞争格局产生巨大影响<br>● 国内民营资本和股权多元化的旅游企业已经在局部细分市场形成了一定的竞争优势，未来在风险投资和私募股权投资基金的支持下，将对国有旅游企业产生较大威胁 |

　　从以上竞争力分析来看，港中旅集团虽然有自己的优势和机会，还面临着许多威胁和挑战，特别是自身发展还存在许多问题。尤其在内部管理能力建设上，要实现协同管理，企业必须具备一定的协同管理能力，包括组织架构的适应，指挥的高效、顺畅、统一，快速响应机制的建立，资源的相互支持配合，利益分配机制的创新，信息平台的搭建等，在这些方面，港中旅集团都有一些欠缺。

## （二）港中旅集团的关键资源整合

　　关键资源整合能力是企业战略层面的把控能力，也是企业组织能力的表现。整合就是实现资源的优化配置，就是在有限的资源中实现企业的最大价值。对于港中旅集团来说，关键资源整合能力和战略定位是紧密相连的。港中旅集团在制定旅游发展战略定位过程中必须考虑到自身的关键资源整合能力，因为战略的制定需要了解集团拥有哪些资源，需要增加哪些资源，是否拥有能力去使得资源得到最佳的发挥，选择何种资源能够使集团的竞争力增强，哪些资源会让集团事半功倍。

港中旅集团在历史上有过多次整合其他企业的案例，包括与中国中旅集团的整合兼并，与中国远洋旅行社的整合，与招商旅游的整合等，积累了一定的整合经验，具备一定的整合资源的能力。其中，2007 年与中国中旅集团的整合是比较大的一次整合。下面我们重点把这次整合作为案例进行分析：

香港中旅于 1928 年 4 月在中国香港成立，是中央直接管理的国有重要骨干企业，至今已有近 80 年历史，是中国香港四大老牌的中资企业之一，经过几代人的开拓经营，现已发展成为以旅游为主业，以钢铁、旅游地产、物流贸易为支柱产业的海内外知名的企业集团。

中国中旅集团于 1990 年由中国旅行社总社等 10 家企业共同组建而成，是由国务院国资委履行出资人职责的国有骨干旅游企业。2004 年中国中旅与同是中央企业的中国旅游商贸服务总公司合并重组，中国旅游商贸服务总公司成为中国中旅的全资子公司。中国中旅的历史可以追溯到 1949 年，是新中国成立后历史最悠久的旅游企业，其前身是 1949 年 11 月成立的新中国第一家旅行社——厦门华侨旅行社。经过 58 年的发展，中国中旅已经从单一旅行社发展成为以旅行社业、饭店业、景区开发业为主，相关适度多元化为辅的大型旅游企业集团，业务涵盖了旅游产业链条的各个环节。几十年来培养和聚集了一大批从事旅游经营和管理的专业人才；独资和参、控股公司分布在全国 20 多个省、市，集团理事会成员企业及品牌加盟的企业遍布全国各地。中国中旅拥有的"CTS 中旅"商标，已经成为中国驰名商标。旗下拥有中国旅行社总社、中旅饭店总公司、中旅景区投资有限公司、中国旅游商贸服务总公司四个主业公司，以及丽都饭店有限公司、东方艺术大厦有限公司（北京希尔顿酒店）、《旅行家》杂志社 3 家直属经营单位，一家专门处置拟退出资产的中国中旅资产经营公司。截至 2006 年底，中国中旅注册资本 8.14 亿元，总资产 32 亿元，净资产（含少数股东权益）18.80 亿元，营业收入 30 亿元，利润总额 1.20 亿元，净利润 5000 万元（不含少数股东权益）。

可见，中国中旅集团自身实力雄厚，要把它整合过来并不容易。两家同属国务院国资委管理，无论是品牌影响，资金实力，还是高级管理人才，都各具特色。

港中旅集团领导和中国中旅集团领导前瞻性地意识到：自改革开放以来，随着我国市场经济的飞速发展，我国旅游企业也随之不断发展和壮大，从单一经营旅行社业务发展到目前出现了一批业务覆盖旅游产业链各个环节的大企业大集团，已经进入一个新的历史发展阶段。但是，与国际领先的旅游企业集团相比，无论在资产规模、市场覆盖面、品牌知名度等方面都存在较大差距。对于中国旅游企业来说，首先要完善产业链条，控制关键要素环节，打造新的商业模式和盈利模式，形成集约化经营，从而提高核心竞争力和企业抗风险能力。

我国旅游行业从 2007 年起全面对外放开，2007 年 7 月 1 日起，国家取消了外商投资旅行社设立分支机构的限制，给予外资旅行社同国内旅行社同等的待遇，国内市场国际化、国际竞争国内化的态势进一步加剧。我国的旅游企业与发达国家先进水平相比，差距较大，但必须承受外资旅游集团随之而来的竞争压力。同时，民营企业、中央和地方国企纷纷涌入旅游行业，加剧了行业竞争，地方的旅游企业发展势头迅猛，通过并购重组规模迅速壮大，表现突出的如上海锦江集团和北京首旅集团。国内日趋激烈的竞争现状和国际竞争的强大压力使中央旅游企业面临着巨大挑战。

中央旅游企业面临着重大抉择，既有挑战也有机遇。中央旅游企业要在旅游行业中继续发挥控制力、影响力和带动力，引领行业的新风尚，建立新秩序，就要加快中央旅游整合重组和优化配置，形成比较合理的产业集中度；按照突出主业的原则进行旅游资产和业务的重组整合，将旅游资源、酒店资源按资源优化配置的要求，向龙头旅游企业归并，培育一个具有国际竞争力和知名品牌的特大型跨国中央旅游企业集团，这是中国旅游事业发展的迫切需要，是参与国际竞争的需要。

正是在这种情况下，两家大型国有企业集团的领导走到了一起，坐在了一条板凳上。经过多次洽商，起草了重组方案，报国资委并最终报国务院获得批准。根据国资改革〔2007〕538 号文《关于中国港中旅集团公司与中国中旅（集团）公司重组的通知》，中国中旅整体并入港中旅集团，成为港中旅集团的全资子公司。重组的设想和目标是：打造中国的"旅游航母"；希望通过重组，实现业务资源、市场资源和人力资源共享和优势互补，达到"1+1>2"的效果；实现管理骨干和业务骨干的合理安排和使用，发挥更大作用。通过重组，努力把港中旅集团建设成为管理先进、服务优良、品牌卓越的骨干企业，使集团的综合效益稳居国内同行业第一和亚洲前茅，从而打造中国旅游企业驶向世界旅游市场的"航空母舰"。

从重组的效果看，的确对促进港中旅集团进一步做大做强发挥了重要作用。但离重组预期的目标还有差距。究其根源还是重组整合不够到位，资源和人才拢到了一起，但对旅游价值链研究不深，如何进行协同管理研究还不透，没有使港中旅整合中国中旅后形成的庞大旅游资源真正发挥协同效应。这也是本书对基于价值链的协同管理研究的目的和价值所在。

## （三）港中旅集团的盈利模式

旅游企业盈利模式，是旅游相关的所有经济关系和利益相关者运行机制的综合，也是各种盈利方式在实践过程中的有机结合，是一个获取收益和通过市场手段实现利益分配的商业架构。为了更好地了解和分析港中旅集团的盈利模式，本书把港中旅集团与国际、国内其他经营旅游的集团性企业所采取的盈利模式进行了对比分析。

国际知名旅游集团之所以能成为全球性的旅游企业，都拥有各自特色的运行模式，并基于此而实现各自的盈利。既包括走"旅游＋金融＋保险"一体服务路径的美国运通和"旅游价值链一体化"的德国途易，也包括只专注于传统旅行社的日本交通公社和经营酒店业务的洲际集团。具体分析如下：

1. 美国运通公司——"旅游＋金融＋保险"运作模式

它是一家全球性的旅行、金融和网络服务的提供商，自 1850 年创立至今，已经在全球 130 多个国家设有 1700 多家旅游办事处开展经营，有 77500 名雇员。美国运通公司的业务范围包括旅行相关服务、金融咨询及银行业务，其"旅游＋金融＋保险"运作模式在全球旅游业中确立领导地位，是全球最大的旅行社之一和世界 500 强企业之一。这种模式的特点是，旅游服务和金融服务、保险服务紧密结合，相互支撑，利益互补，共同面对市场和顾客，实现集团稳定持续发展。

2. 德国途易集团——"旅游产业链的垂直一体化"模式。

德国途易集团是世界上最大的垂直一体化旅游企业，其前身普鲁赛格公司（Preussag AG），最初是从事炼钢、机械制造的工业化集团。2000 年，该公司收购了国际旅游联盟和汤姆森旅行集团，逐步转型为旅游集团。集团业务广泛，涉及旅游、零售、物流、包价旅游承办商、航空、酒店、航运等领域。现在，途易集团几乎包揽了欧洲旅游市场 70% 以上的包价旅游业务。途易集团拥有 3500 家分销旅行社，超过 120 架飞机，279 家酒店（分布在 28 个国家，拥有 163000 个床位），在 37 个目的地国家有接待社，近几年在世界 500 强企业排名中一直名列第 260 位左右。途易集团的成功在于通过多种扩张方式实现旅游产业链的纵向一体化。通过旅游价值链所有环节（销售、旅游运营商、航空公司及目的地旅行社和酒店）的优化协调，完善盈利模式。同时，有选择地对旅游价值链重要环节进行投资（主要集中在航空公司和度假目的地酒店领域）。使途易集团能够为旅游者提供全程旅游服务产品，发挥综合性旅游集团的品牌、规模、渠道和网络优势。

3. 日本交通公社——"传统旅游业务"模式

日本交通公社是日本最大的旅行社，也是世界 500 强中唯一专门经营旅行社的企业。日本交通公社总部设在东京，全日本 47 个县都有分部，有 2500 家分支机构，在全日本形成一个纵横交错的经销网络。同时，还建立了覆盖全球的旅游网络系统，设在五大洲的 66 个办事处有 2000 多名员工，利用全球分销系统，将经营规模与提供精细化、个性化服务相结合。日本交通公社的成功与它的专业精神和专注于传统旅行业务是分不开的。它为满足当代旅游者的个体需要设计了内容广泛的旅游产品，提出"以更广泛的选择范围给顾客以更简便的自由选择，从而满足多元化、复杂化和个性化的需求"。它的战略扩张模式是以本土为基础，逐步随日本公民的出境方向向海外扩展。

4. 洲际集团——"酒店全球布局"模式

洲际集团成立于 1946 年，是目前全球最大及网络分布最广的专业酒店管理集团，共有酒店 3520 家，拥有洲际、皇冠、假日、假日快捷等多个国际知名酒店品牌。同时，洲际集团还是世界上客房拥有量最大（高达 540000 间）、跨国经营地域最广（分布将近 100 个国家），并且在中国接管酒店最多（在中国管理的酒店有 50 家，包括中国大陆 25 个省、区、市）的超级酒店集团。其中，特许经营的酒店约占 88.9%、委托管理的酒店约占 6%、带资管理的酒店的占 5.1%。可以说，每一家国际旅游企业集团都形成了极具自身特色的盈利模式。

综观国际知名的旅游企业，普遍具有以下特点：一是资产规模较大，市场占有率高，甚至对局部市场具有垄断能力；二是大多为全要素旅游企业，业务贯穿价值链最主要的环节，如旅行社、廉价航空、客运巴士、酒店、度假目的地，甚至旅游金融等，业务一体化程度高；三是具有很强的品牌知名度和感召力；四是产品研发能力强、市场趋势把握准确；五是能够在关键要素环节对竞争对手形成壁垒；六是产品销售渠道畅通，零售和批发体系健全。

不仅如此，国内的旅游企业，如首旅集团、国旅总社、中青旅、携程、华侨城也都在寻找适合自己的盈利模式。首先来看一下首旅集团的盈利模式。首旅集团是中国旅游业排名前三的企业。目前首旅已基本形成了包括景区、餐饮、旅行社、商业、酒店和汽车六大板块，具体如图 5-4 所示。通过战略重组和内部整合，首旅集团不仅涉足了上述六大板块的业务，而且做到规模化、专业化，并且协同互补。

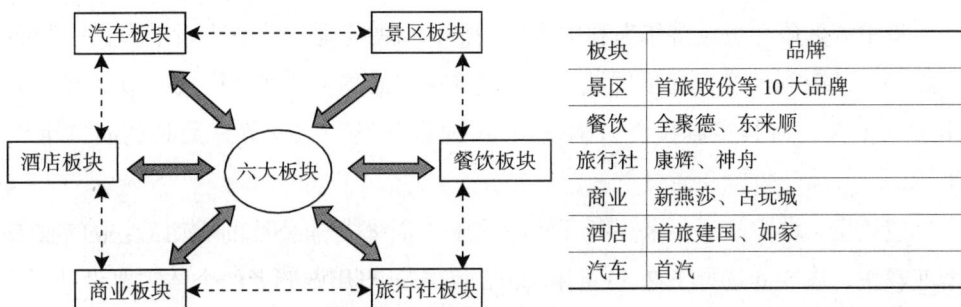

| 板块 | 品牌 |
| --- | --- |
| 景区 | 首旅股份等 10 大品牌 |
| 餐饮 | 全聚德、东来顺 |
| 旅行社 | 康辉、神舟 |
| 商业 | 新燕莎、古玩城 |
| 酒店 | 首旅建国、如家 |
| 汽车 | 首汽 |

图 5-4　首旅集团盈利模式

中国国际旅行社总社成立于 1954 年，曾与国家旅游局合署办公；目前是国内规模最大的旅行社企业之一，在海外 10 多个国家和地区设有 14 家分社，在国内拥有 20 多家控股公司和 122 家国旅集团理事会成员社。2004 年中国国际旅行社总社与中国免税品（集团）总公司合并，成立了中国国旅集团公司。国旅集团在旅行社和免税品业务上具有优势，但在产业链的完整性上有较大缺陷。

中青旅是中国传统"国、中、青"三大旅游集团之一，从旅行社起家，现在成为包括旅行社、乌镇景区、会展、酒店、科技、彩票、地产、物业等领域的旅游集团。旅行社收入比重占总收入的一半，但利润贡献却不到 5%；地产业务贡献利润为 40% 左右，景区贡献利润将近 30%。

携程网是中国旅游电子商务的龙头。主要是发展会员卡用户，同时借助会员卡用户群获取酒店、航空公司的低价折扣来赚取佣金；以低折扣再吸引用户群，形成了良性循环。其利润来源主要是酒店、机票的预订代理费以及保险代理费、在线广告费等。

华侨城是从港中旅分离出去的企业集团。其盈利模式被称为"旅游+地产"模式，即以建设主题公园方式低价取得土地，用销售住房回笼资金，再用住房销售利润建设主题公园，主题公园又会带动地产增值，提高售价，实现了房地产与旅游业务共赢。

长隆模式是一个成功的旅游行业范例，主要盈利模式特点是精准的市场定位、设计风格的独树一帜、鲜明的主题分区、一流的配套服务。从长隆模式可以看出，优越的地理位置和综合消费能力是景区经营的基础；其总体规划、分步实施的投资节奏以及常变常新的产品是其永葆青春的关键。综上所述，旅游企业都有不同的盈利模式。

港中旅的旅游主业多年来和中青旅类似，旅游主业营业收入贡献大，而利润贡献小，其盈利模式又和华侨城一样，基本是"旅游+地产"模式，但对整个集团贡献不大，而其实业投资（钢铁）、房地产开发、物流贸易是其利润的重要来源。

应该说，港中旅近年来逐渐开始注重旅游企业协同管理，其旅游企业的收入增速较快，表5-6选择了2011年和2012年的收入状况进行比较：

**表5-6　2011~2012年各业务的营收比较**

| 主要业务 | 2011年营业收入<br>（万元） | 2012年营业收入<br>（万元） | 同比增速<br>（%） |
|---|---|---|---|
| 一、旅游 | 1328551 | 1530551 | 15.2 |
| 二、唐山国丰 | 3292639 | 2637334 | -19.9 |
| 三、物流贸易 | 696027 | 779429 | 12.0 |
| 四、渭河电厂 | 202149 | 208896 | 3.3 |
| 五、资产经营 | 29158 | 36605 | 25.5 |

2012年由于钢铁受宏观调控出现政策性全面下滑使旅游比例上升，2011年及近十年间基本上都是钢铁占营业收入和利润贡献的一半以上，旅游业做出不到1/3的贡献。2011年情况比较客观地反映了港中旅集团历年情况。

我们再从旅游业务板块本身不同产品所带来的贡献进行分析。如表5-7、表5-8所示。

表5-7 港中旅各旅游企业 2011~2012 年营业收入比较

| 港中旅各旅游企业 | 2011 年营业收入（万元） | 2012 年营业收入（万元） | 同比增速（%） |
|---|---|---|---|
| 总额 | 1328551 | 1530551 | 15.2 |
| 1. 旅行社 | 894825 | 994723 | 11.2 |
| 2. 酒店 | 149672 | 146608 | −2.0 |
| 3. 旅游地产 | 41699 | 122241 | 193.2 |
| 4. 芒果网 | 11457 | 10182 | −11.1 |
| 5. 中汽（万港元） | 37789 | 36220 | −4.2 |
| 6. 珠海海泉湾 | 34282 | 31872 | −7.0 |
| 7. 世界之窗 | 37515 | 40132 | 7.0 |
| 8. 锦绣中华 | 16001 | 16756 | 4.7 |
| 9. 聚豪会 | 7895 | 11008 | 39.4 |
| 10. 咸阳海泉湾 | 6035 | 8588 | 42.3 |
| 11. 天创 | 3297 | 4278 | 29.8 |
| 12. 嵩山 | 19415 | 23547 | 21.3 |
| 13. 青岛海泉湾 | — | 13945 | — |
| 14. 证件部[1] | 81787 | 83052 | 1.5 |
| 15. 香港中科[2] | 8778 | 8422 | −4.1 |
| 16. 鸡公山 | 2056 | 2808 | 36.4 |

注：①、②单位为"万港元"。

表5-8 港中旅各旅游企业的利润比较

| 港中旅各旅游企业 | 2011 年利润总额（万元） | 2012 年利润总额（万元） | 同比增速（%） |
|---|---|---|---|
| 总 额 | 73893 | 83785 | 13.4 |
| 1. 旅行社 | 586 | 1584 | 170.3 |
| 2. 酒店 | 28874 | 29257 | 1.3 |
| 3. 旅游地产 | 6732 | 30253 | 349.4 |
| 4. 芒果网 | −4593 | −4815 | 减亏 |
| 5. 中汽（万港元） | 1363 | 1418 | 4.0 |
| 6. 珠海海泉湾 | −4445 | −3976 | 减亏 |
| 7. 世界之窗 | 15656 | 17108 | 9.3 |
| 8. 锦绣中华 | 4517 | 4230 | −6.4 |
| 9. 聚豪会 | −1886 | −773 | 减亏 |
| 10. 咸阳海泉湾 | −2540 | −4826 | 减亏 |
| 11. 天创 | 257 | 65 | −74.5 |
| 12. 嵩山 | 3830 | 5109 | 33.4 |
| 13. 青岛海泉湾 | — | −16615 | — |
| 14. 证件部[1] | 30776 | 30852 | 0.2 |
| 15. 香港中科[2] | 4372 | 3866 | −11.6 |
| 16. 鸡公山 | −2792 | −2210 | 减亏 |

注：①、②单位为"万港元"。

从以上分析可以看出，港中旅集团旅游产品和服务种类很多，每个旅游企业各自为政，独立在市场上拼杀，有盈有亏；没有形成价值链，没有旅游产品和服务之间的协同，没有资源的共享和优势互补，不同旅游产品之间资源投入和盈利贡献也不同，作为旅游价值链各环节的链条粗细不均。这种盈利模式的不稳定和不确定性，给港中旅集团协同管理带来重重困难。

## （四）港中旅集团的服务创新

旅游提供的是"服务"这种特殊产品。要实现协同，必须令所有旅游企业都能够提供相同层次的服务产品。因此，服务创新是旅游企业集团协同管理的要求。作为一个传统的老牌国有企业，港中旅集团旗下不仅拥有丰富的旅游资源和旅游产品，而且经营不同旅游产品的子公司，它们在服务上都有各自服务创新的做法。

第一，旗下旅行社板块公司"星赏会"会员计划。这是港中旅推出的专属忠诚度奖励计划。港中旅集团凭借综合旅游集团排名第一的资源优势、近5万名的优秀员工，以及遍布全中国各线城市（包含港澳地区）的服务网点，结合每年服务近4000万个中国游客和外国游客的专业经验，为会员精心准备了独家优惠及各项礼遇。"星赏会"会员服务涵盖内地、港澳范围内500余家中国旅行社、100余家"维景国际"、"维景"、"旅居"和"旅居快捷"系列酒店住宿，国内知名在线旅游平台"芒果网"的服务，十余间主题度假村"海泉湾"的礼遇，以及旅游景点"世界之窗"、"锦绣中华"的优惠等。

第二，旗下的酒店管理公司推出酒店的"三性化"服务。要求各酒店能够为客户提供合理化、科学化和新意化的服务，也就是我们常说的"标准化、人性化、特性化"，大力宣传与推广的"5M"真情原则，时刻关照、管理细节、确保专业标准、满足客人期望就是为客人提供的标准化服务；而"多做一点"则是我们所倡导的人性化服务；特性化服务要求酒店在达到标准化和人性化的基础上，根据自己的特点提供差异化的特性服务，从而最终留住和吸引更多的客人。

第三，旗下的锦绣中华公司把"做好优质服务"作为旅游企业永恒的主题。锦绣中华是一个20多年的老企业，是全国最早建立ISO9001质量管制标准的旅游景区，旅游服务的标准化一直是公司的传统和优势。如今该景区仍然保持着较强的社会影响力和市场吸引力，其中重要的一点应该归功于它的服务。"特色化服务"一直是锦绣中华的核心价值理念：一是根据产品的不同特色制定不同的服务标准和服务方式。根据不同的村寨，不同民族的特点，提供不同的服务形式，比如有的是说唱，有的是歌舞，有的是民族手工艺展示，有的是民族体育竞技，还有民族书法和绘画等形式，无论游客是否停留观看，服务都在进行，做到规范服务游客多少一个样，游客有无一个样。二是根据景区的特色节庆活动开展形式不同的特色服务。例如，暑期"冰爽傣族泼水节"、秋季"迷情聊斋夜"等特色服务活动，每次都在保持特色化服务的同时，提出服务上要做到"热心、耐心、细心、温馨"，最终让游客"放心、舒心"。

第四，旗下世界之窗公司在服务创新上，充分挖掘景区深厚的文化内涵，不仅满足于在节假日、黄金周旺季依靠主题活动吸引游客，更注重将世界特色民俗风情与时尚文化潮流、游客联动完美融合，创造和培育属于自己的品牌文化主题活动。近几年，景区对珠三角各大型企事业单位等目标区域实行直销和个性化服务，变等客买票为上门售票，减少中间环节，为提前占领市场赢得了先机。针对网络媒体的大肆兴起，景区有针对性地积极与天涯论坛、腾讯、新浪微博、拉手网等进行合作，做到服务与时俱进。

第五，旗下海泉湾度假区在服务创新上提出"培养五种意识"。第一种意识是尽全力满足客人需求的意识。员工可以向其他部门的同事和上级管理者，甚至越级直接向公司领导寻求支持和援助，以满足客人的需求。第二种意识是积极主动沟通的意识。沟通包括与客人的沟通，也包括与公司其他部门、同事的沟通。以便快速消除部门间、同事间的种种偏见，防止推诿责任。第三种意识是高度重视并快速解决客人投诉的意识。用真诚的态度去赢得投诉客人的再次信任和对企业的信心。第四种意识是面对客人永远真诚微笑的意识。员工要保证对面前 3 米内的客人和员工微笑致意，真正使微笑成为员工工作、生活、服务的习惯性行为。第五种意识是主动思考企业未来、全面了解企业目标的意识。各级管理者主动把公司短期、中期、长期的目标告诉自己部门的员工，使每一位员工了解企业的发展目标，并了解围绕实现这些目标，公司制定的阶段性的各种战略以及员工自己需要做出的努力。

港中旅集团总部则通过建立大营销委员会，并利用信息化系统，联合所属各旅游企业，实现客户资源共享，服务标准和规范统一，对市场提供独特的具有竞争力的旅游产品和服务。正是这些服务创新的做法，港中旅旗下的旅游企业不仅极大地提升了自我的服务水平，而且通过相互之间的服务协同，在市场上得到了消费者的一致认可。

### （五）港中旅集团协同实践与协同管理结构模型的差距

综上所述，通过对港中旅集团的案例剖析，不仅对港中旅集团旅游业务发展的历史、现状和未来的规划有所了解，而且还分析了集团内部管理能力中的组织架构、运行机制、风险管理、信任机制，分析了集团的关键资源整合能力，以及盈利模式和服务创新的做法。从对港中旅集团详细调查研究和深入分析的结果，我们可以看出，作为中国最大的旅游要素最全的旅游企业，尚未走出低水平、分散、各自为政型竞争，而延伸至对其他旅游企业的了解看，真正做到使旅游企业形成能够进行协同管理的价值链，国内还没有真正做到，而国外相对来说做得比较好的是德国的途易。

从港中旅集团来看，大家都意识到协同管理的重要性和其具有的巨大的协同效应和发展空间。之所以没有很好地发挥旅游资源的协同效应，实现价值最大化，从前面实证研究得出的协同管理四大主要因子及模型构建，结合港中旅实践情况来看，主要差距在以下几个方面：

一是从管理上，在内部管理能力方面，管理体制不顺，总部战略意图难以有效落实；内部管理机制也没有跟上，特别是有利于协同管理的激励和约束机制没有形成；企业协同管理文化没有形成，各管理单位和员工协同意识还不强。经过本章分析，我们也看到影响集团协同管理的关键因素之一是集团内部管理能力需要加强，特别是组织架构、运行机制、风险管理及信息资讯平台的建立等。

二是资源整合能力较弱，集中配置资源的机制缺乏。从本章分析来看，港中旅集团经过多年的发展，旅游资源相当丰富，通过兼并收购，也整合了不少企业，但仍是简单地累加，资源分散，大而不强，集而不团，没有从中总结和提炼出整合经验和成熟的做法，没有找到资源整合形成整体战斗力的办法；集团内部也充分认识到协同管理的迫切性，但没能发挥资源的整体优势。

三是盈利模式不清晰。集团内部各旅游企业只注重自身的利益，虽然也知道协同管理能够创造更大的价值，但没有找到一种适合集团内部管理和外部竞争的盈利模式；在没有激励导向的情况下，不愿意放弃自身的短期利益和损失局部利益，没有把旅游资源集约化经营，没有找到集约化经营的模式，难以实现

"1+1＞2"的盈利模式和协同效果。

四是服务创新还属于低层次阶段。集团作为旅游企业，没有一个统一明确的标准和要求，各单位还是自行其是，服务标准和要求也各不相同。

但是，港中旅集团作为中国旅游行业的龙头企业，自身已经具备了协同管理的一定条件，旅游协同管理的外部条件也已具备，旅游竞争环境激烈，基本上属于买方市场，协同是互利共赢，只要加强内部协同管理，进行关键资源协同配置，建立有利于协同的盈利模式并不断通过服务创新，进一步增加协同管理的吸引力，那么，旅游企业协同管理就完全能够实现。

# 五、本章小结

本章主要对港中旅集团协同管理进行案例研究。首先，介绍了港中旅集团过去十年发展历程和未来十年发展规划前景以及旅游业务发展概况及要解决的主要问题。其次，指出了港中旅集团的管理架构、组织行为、人力资源管理及业务发展模式。再次，进行了港中旅集团协同管理的现状、问题及动因分析。最后，对港中旅集团协同管理的模式进行构建，并从内部管理能力、关键资源整合、盈利模式和服务创新等方面进行系统分析。通过对港中旅集团协同管理模型的案例分析，也再一次验证了之前实证研究所做的旅游企业集团协同管理的四大核心要素管理模型；同时，通过港中旅集团案例的分析，也揭示了旅游企业集团在协同管理方面存在的一些共性的问题和欠缺，为进一步提出协同管理的改进建议奠定了基础。

# 第六章　旅游企业集团协同管理实施策略及其建议

## 一、旅游企业集团协同管理时机选择

通过大量文献研究和问卷调研，结合港中旅集团的案例分析，笔者认为，旅游企业集团实现协同管理的构建时机选择，应考虑以下因素：

第一，激烈的市场竞争环境已经给企业内部管理能力带来严重挑战。从政策层面看，国家正逐步放宽旅游市场的准入门槛，鼓励社会资本和各类性质的企业公平地参与旅游市场竞争。从国内旅游行业自身现状看，到 2013 年底，我国旅行社数量达到 2 万多家，星级酒店数量达到 1.7 万多家，旅游景区超过 2 万个，竞争十分激烈。而同时，旅游市场秩序上削价竞争、"零负团费"等问题存在；外国游客对中国旅游企业和产品的信心还不足，从 2013 年入境人数同比下降的现象就能说明。许多景区还处于单纯依托门票的经营模式，没有形成完善的产业链，旅游产品的档次和文化内涵还不丰富。在这种情况下，为应对激烈的市场竞争局面，进一步强化企业内部管理能力，实现协同管理会越来越被重视。

第二，发展形成粗壮的旅游链条使协同的关键资源有足够的整合吸引力。比如，从港中旅旅游业现状看，它是中国最大的旅游集团，其旅游要素覆盖"吃、住、行、游、娱、购"六个方面，涉及旅游产品包括观光景区、休闲度假区（温泉休闲和山地休闲）、旅行社、酒店、高尔夫、演艺、海陆客运、芒果网—电子旅游、Outlet 九大产品要素。应该说，港中旅自身具备了协同管理的价值链基础，关键是如何把这些价值链条上的各个要素环节进行资源整合，形成协同，从而发挥协同效应。对于其他旅游企业来说，要实现协同管理，必须是自身，或者是通过市场运作，拥有足够的价值链条环节，以及各环节的丰富资源。否则，就不具备协同管理的吸引力。

第三，通过公平的市场机制建立盈利模式，实现互利共赢成为共识。目前，国内旅游产业规模大但产业集中度低，旅游企业"散、小、弱、差"，普遍实力较小、竞争力较弱、行业自律性较差，旅游企业之间"一损俱损"。尤其是中国加入 WTO 以后，国际化进程加快对我国旅游业提出了更高要求，"国际竞争国内化、国内竞争国际化"的态势已经出现，通过协同管理，创新盈利模式，改变目前旅游行业低水平竞争的现状，从更高战略层面上实现互利共赢。

第四，通过服务创新满足消费者需求迎合买方市场。目前，随着旅游业的发展，游客的选择权越来越大，对旅游品质的需求越来越高，为了更好地吸引游客，逼迫旅游企业不断通过服务创新，改进旅游品质和服务质量，应重视协同管理，进而很好地保证旅游产品品质和服务质量。

综上所述，如果有了以上的四个基础，旅游企业集团协同管理就有了构建基础，协同管理就很容易实现。

# 二、旅游企业集团协同管理实施策略

根据之前构建的旅游企业集团协同管理模式，本书研究认为，旅游企业集团实施协同管理应采取以下策略：

1. 要强化协同企业的内部管理能力建设

前面文献研究中我们看到，Rosabeth Moss Kanter 提出了实现协同的三个必要条件，即公司高层领导的信心和决心、奖赏和激励团队、企业内部的共同交流。这都属于内部管理能力方面的范畴。我们通过实证研究也看到高层领导的重视并通过战略引导以及激励机制创新十分重要。因此，从内部管理能力方面在强化协同上要重点从以下四个方面实施：

第一，组织架构创新。从集团内部来说，要进行旅游企业协同管理，首先，是高层领导重视，各协调组织的一把手高度重视，而且在协同管理上认识一致。

其次，必须理顺各旅游企业之间的产权关系或者管理关系，必须有协同组织和机构上的保障，要把参与协同的旅游资源整合到一个管理平台上；即使无法理顺产权，也要通过一种整体结构或非正式组织结构把从属于不同产权关系或行政管理关系的分散的旅游企业衔接到一起。要在各协同企业之间建立一种既是平等协作关系，又是统一于协同组织领导下的资源配置关系。要建立一个协同管理，这种机制区别于上下游旅游企业之间的业务分工关系，区别于游客体验单项联系形式，是基于协同管理上的资源配置关系，通过协同管理委员会的形式，还是矩阵形式，都可以研究。

协同管理模式如图 6-1 所示。

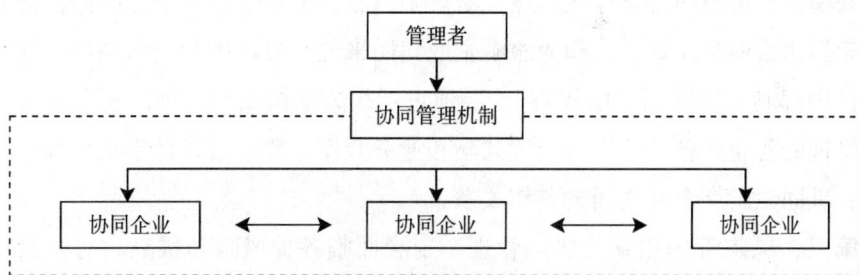

图 6-1　协同管理模式

第二，运行机制创新。要进行不同企业间的协同管理，重在利益分配和绩效评价。协同管理是一项复杂的系统工程，影响协同管理成效的因素有很多，要实现各旅游企业的全面协同，必须是各旅游价值链环节中的要素如战略、组织、文化、制度、技术、市场等的全方位协同，从而实现各旅游企业价值链单独环节所无法实现的"1+1+1>3"的协同效应。

郑刚等提出了 C3IS 五阶段协同过程模型，这里"C3"是接触/沟通（Contact/Communication）、竞争/冲突（Competition/Conflict）、合作（Collaboration）；"I"是整合（Integration）；"S"是协同（Synergy）。实现协同管理一般经过沟通、竞争、合作、整合、协同五个阶段（步骤）（见表 6-1）。

因此，要进行协同管理，必须要建立一种资源和信息共享与支持机制，这里包括沟通机制、信任机制、激励机制、共享机制，这也牵涉协同管理绩效的公正评价和不同协同给企业之间的利益分配机制的配套。在进行利益分配时，要坚持友好协商、公平平等的原则，要充分考虑协同企业各方对协同绩效的贡献程度、

表 6-1　协同管理的五个阶段

| 阶段 | 特征 | 作用 | 典型行为/特征 |
|---|---|---|---|
| 1 | 接触/沟通 | 协同的前提，交流与共享信息 | 定期协同联席会议 |
| 2 | 竞争/冲突 | 不同企业、部门、职能人员不同利益而产生竞争，并有可能发生冲突 | 市场定位、产品服务之间的冲突 |
| 3 | 合作 | 为共同目标而协作配合、共享信息及资源 | 组建协同管理团队 |
| 4 | 整合 | 围绕协同目标实现一致性、一体化 | 定岗、定责 |
| 5 | 协同 | 实现各企业单独无法实现的效果，整体最优化 | 效率提升、服务优化 |

各企业投入的资源和成本、承担的风险水平等因素进行合理分配。

实现协同管理，进行资源整合，离不开合理的考核激励机制。特别是对于旅游业来说，目前国内普遍存在行业的潜规则，旅游上下游各链条之间的协同靠的是暗箱操作式的利益输送。作为旅游企业集团来说，要冲破行业潜规则，就必须有自己内部利于协同的"明规则"。要通过考核激励机制和合理的利益输送引导协同管理的各企业各环节进行资源共享和业务合作。要通过设计影响全局的考核指标，巩固旅游类企业之间的合作关系。

第三，风险管理创新。协同管理一定会面临各种风险和挑战，有来自市场的，有来自竞争对手的，来自服务客户的。协同管理本身要有协同成本，有风险和报酬的匹配问题。更为重要的是协同管理本身也有系统性宏观层面的风险，如政策性风险、信用合作风险和市场风险。同时也有协同管理过程中的微观层面的风险，如技术风险、管理风险、资金风险、人才风险等。因此，协同管理必须注重对风险的管理，要建立风险分摊机制，确定分摊原则和模型，考虑各参与协同管理的主体条件、责任和权利，在各风险主体之间进行合理分配，做到风险共担、互利共赢。协同管理组织要对协同管理过程中的风险进行识别、评估、及时处理和监控，使得整体风险降低。

第四，信任机制创新。信任是协同管理的基础。如果协同企业之间缺乏信任，那么沟通交流、信息共享、资源转移和协同绩效的产生都无从谈起。在协同管理过程中，良好的彼此信任关系，可以简化、约束、协调、控制以及节约交易成本，提高协同效率和效益。要实现良好的协同管理，必须要进行一种信任机制的建立与创新。作为集团内部企业，由于有管理关系，有资本纽带，有合同契约，信任机制容易建立；但作为不同产权关系的企业，就要通过长期合作，通过一定的合同约束，增加违约成本来建立信任关系。当然，合作各方的合作经历、声誉、共同的愿景、经常的交流沟通，有助于建立信任关系。因此，信任机制创新，要有合同契约作为保障，要有运行机制作为基础，要有共同的愿景目标作为动力，从而形成一种良性循环的信任机制，如图6-2所示。

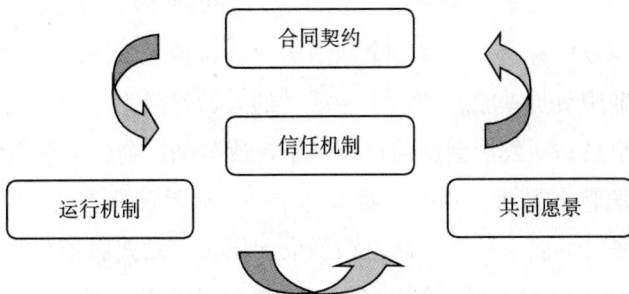

图6-2　协同管理形成良好循环的信任机制

目前在旅游市场存在信用缺失问题，这直接导致了旅游服务质量低下，旅游市场秩序也极其混乱，更不用说旅游企业之间的合作。一旦信用机制建立，旅游产业将能够发挥巨大的正能量，旅游企业之间的合作也是水到渠成的事。因此，建立和完善现有的信用机制，有利于旅游企业之间构建信任合作关系，进而形成基于旅游产业价值链的协同管理。

2. 要在协同企业进行关键资源整合

企业的一般资源和关键资源并不是固定不变的，它们在一定条件下会相互转化，当市场需求、企业目标、竞争环境以及企业的技术和能力等发生变化时，关键资源可能会转变成一般资源，一般资源也会转变为企业的一般资源。

按照协同管理的要求，原有企业中有利于协同管理目标实现的重要资源都是关键资源。如何有效整合关键旅游资源，发挥各旅游要素优势，变产品链为真正的价值链，实现协同管理，这是大多数旅游集团性企业发展面临的一个重要课题。我们的研究认为，至少在能力资源、客户资源整合、市场资源整合、产品资源整合、人力资源整合、财务资源整合等方面要实现统一。

在能力资源方面，要实现旅游企业协同管理，必须强化集团的品牌、技术、知识学习能力建设，强化整合协调能力、资源配置能力、业务创新能力、客户服务创新能力以及品牌管理能力建设。尤其在品牌管理能力方面，在旅游服务同质化越来越严重的今天，品牌是突出不同企业、不同服务最明显的标志。要制定统一的品牌发展战略，研究制定协同管理体系化品牌发展战略和品牌建设方案，强化和突出品牌的地位和作用。

在客户资源整合方面，充分利用现代信息技术，建设统一的 CRM 系统，变参与协同管理的不同企业的客户信息为客户资源，变产业链为价值链，提升协同竞争力。美国运通旅游业与金融业强强联合的发展经验，就是把 CRM 系统设计为战略联盟和产业培育留有接口。全球酒店业会员最多的洲际酒店集团在发展会员时，将大企业中负责差旅服务、工会活动的人员发展为特殊会员；将会议中间商发展为特殊会员；对发展会员的员工给予提成奖励；会员消费积分通用。

在市场资源整合方面，要以消费者为中心，满足消费者对于"一体化产品"和"一站式服务"的要求，建立旅游产品大卖场。一站式服务并非简单地将所有的旅游服务品种罗列在一起，服务的创新集中体现在各旅游企业的无缝协作上。参与协同管理的各家公司在同一个平台上为客户服务，共享资源，有利于提高销售额和降低成本，也有利于实现客户价值最大化。

在产品资源整合方面，建立协同管理企业统一的产品中心。建立产品中心的目的在于为消费者提供单一产品到复合产品的全链条价值服务。统一的产品中心可以降低研发的成本，实现集中采购。把产品中心建成借助信息手段、实现产品信息交换的平台，建成庞大而便于检索的旅游产品信息库。产品中心还要负责统一研发设计符合协同管理需要的旅游产品和服务，负责对所有旅游产品的设计、研发进行统筹。

在人力资源和财务资源整合方面，这是协同管理产业价值链的辅助支撑系统。人力资源整合要从价值链整体出发，统筹各协同管理企业的人才战略；财务资源整合，就是要将资金集中管理，按价值链整体需要投放。

3. 要在协同企业构建协同管理企业的盈利模式

要按照前面提到的盈利模式数学模型公式的要求，满足协同管理各方条件，实现协同整体利益大于局部之和，局部均实现盈利，同时保证消费者感受的服务体验不变。在此前提下，构建协同管理不同价值链环节的定价模式。要按照协同管理企业不同的资源贡献，重新划分收入结构、成本结构以及相应的目标利润，在确定协同管理业务系统中各价值链所有权和价值链结构的前提下，进行企业利益相关者之间的利益重新分配。

旅游协同管理企业的盈利模式应该是建立在服务效率的提高以及服务质量的提升上。要充分发挥协同管理的优势，盈利模式的建立以"产销合一"、服务与产品不断变革和创新取胜为基础，以提升服务、降低成本、优化流程、提高效率、改善客户体验取胜。

4.要在协同企业进行服务创新

协同管理的竞争力主要来自服务的提升和成本的降低。而最近零点调查集团以及一些国际知名调查机构研究表明，服务满意度每提升2%，它所带来的影响等同于成本下降10%，也等同于客户流失率降低5%，等同于利润增长20%左右。因此，必须进行服务创新，重点从以下几个方面进行：

第一，充分利用新技术向旅游新服务转化。在经济发展和时代进步的现代化条件下，人们旅游消费水平不断提升，对旅游产品和服务的要求越来越高。因此，协同管理要利用自身的整体协同优势，引进新技术和服务新手段，把旅游产品和服务提升到一个新台阶，这是协同管理取得成功的关键。

第二，通过文化创造促进旅游服务业发展。旅游和文化密不可分。旅游产品的持续不断的活力来自于文化的积淀和丰富的内涵。通过不断沉淀文化元素，进行文化创造来促进服务创新，从而实现旅游业的发展。

第三，进行旅游服务产品创新，促进价值链协同和效益提升。旅游产品和服务的不断创新是协同企业持续保持竞争力的关键。因此在资源配置上，一定要集中人才、资金和技术投入到旅游产品和服务的研发上，从而增强旅游价值链的活力和吸引力。在旅游产品和服务同质化严重的今天，必须靠服务创新取胜。因此，要不断改进服务质量，提升旅游服务的精细化水平。要加强精细化管理，关注服务细节，从人性化管理和游客需求至上的角度不断改进和提升服务品质和质量。以服务创新促进价值链协同，促进旅游服务质量提升，从而提升协同企业的整体效益。

第四，建立B2B服务机制，促进价值链各环节顺畅运行。要在旅游协同企业之间建立一种互相为自身提供服务的机制；除了共同面对游客以外，还要增强为价值链不同链条企业内部的相互服务意识，从而增加链条的"润滑剂"，促进协同管理企业顺畅运行。

# 三、旅游企业集团协同管理保障机制

要实现旅游企业协同管理，要有好的协同外部环境和条件做支撑。本书认为，旅游企业集团除了要抓好协同管理的四大主要因子外，也需要配套的政策保障、人才保障和技术保障，如图6-3所示。

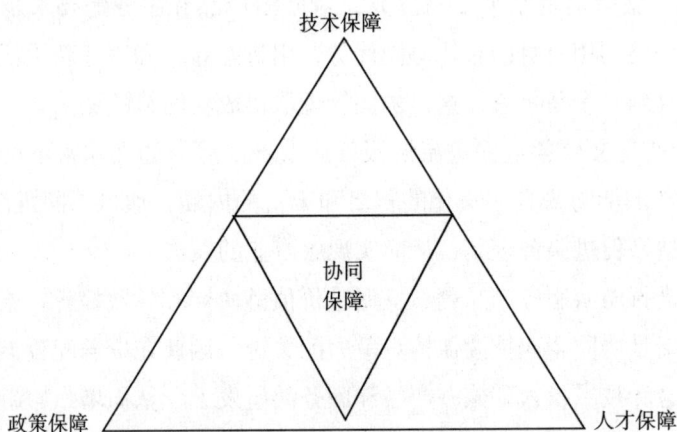

技术保障

协同
保障

政策保障                                                    人才保障

**图6-3　协同管理的三大保障**

首先是政策保障。从集团内部来说，要进行协同，不仅是集团领导重视，更应该从政策层面给予有力的支持和指导。港中旅集团对协同管理高度重视，多次召集专门会议研究，也想出了不少措施和办法。

图6-4是港中旅集团目前多次研讨论证，拟采取的旅游企业之间从政策上对协同管理的支持。

从图6-4中我们可以看出，这种政策支持还仅仅停留在彼此让利阶段。我们通过以上分析研究，可以看出，仅仅靠彼此让利实现协同是远远不够的。参与协同的企业都是不同的利益主体，都是在市场上平等的竞争主体，有着自身的市场目标和定位。而协同管理的企业都是互补的、异质的和信息不对称的。因此，协同管理需要的政策支持，不仅是简单的让利，而是从集团更高层面上的架构支持、组织支持以及从协同管理目标出发的内部流程再造和机制创新。

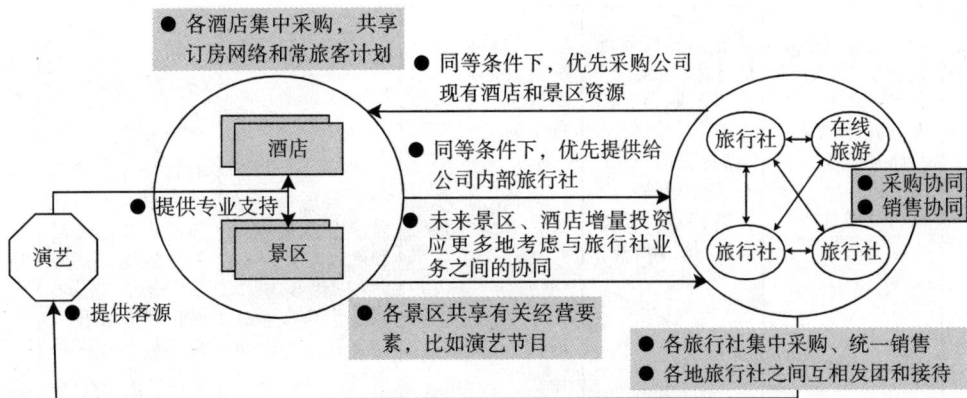

图 6-4　港中旅集团协同管理的政策支持

其次是人才保障。只有政策支持，要实现协同管理是远远不够的，必须有人才保障。人才资源是企业最重要的资源。人才的支持，是从人力资源管理上重视，要将熟悉旅游行业的人才进行培训，使他们对协同管理有共识，对协同目标清晰，能够站在全局的视角思考问题，而非仍然站在局部，站在某一个企业的视角去思考问题，从而形成价值链协同管理的意识和理念，形成一种企业文化氛围，才能实现"1+1>2"的效果。

最后是技术保障。协同管理是以资源共享、互利共赢、提升整体效益为目标，而要做到资源共享，必须借助于先进的技术手段，利用最新的信息技术研究成果，建立资源共享的平台，为资源共享提供技术支撑。我们前面研究提到的，要把各协同企业的客户资源、产品资源、市场信息资讯共享到一个平台，这需要技术手段做保障。

对于港中旅集团来说，集团领导，特别是集团主要领导对信息化重视程度高，对全集团信息化建设的要求明确。但是，下属各企业对利用信息化手段和扁平化管理架构，降低经营管理成本，提升对市场的反应速度，提高企业竞争力的意识不强；利用信息化手段提升综合管理水平、实现协同管理的能力还较弱。从国资委对企业信息化发展划分的不同阶段看，港中旅集团尚处于第二阶段（见图 6-5）。因此，要实现信息技术协同管理，对港中旅集团来说，还要继续努力。

| 手工程度 | 计算机作为办公设备在一些部门替代一些手工作业，比如编辑、打印文档等 | 部分部门或系统信息化，如财务、人事、库存，但有部门壁垒和"信息孤岛"。信息系统呈单点、分散特点，系统资源利用率不高 | 统一的数据信息平台，部门、系统资源整合和信息共享 | | 开发新技术，新的管理理念和管理手段产生，比如网络技术的发展促进电子商务新业态的兴起；B2B 和 B2C 技术促进整个产业链纵向一体化融合，驱动行业深层次变革 |
|---|---|---|---|---|---|
| | | | 企业利用信息手段充分挖掘客户和供应商的价值，如 CRM、SCM。在这个阶段企业信息化应用从事务性处理阶段到智能化阶段，有效地支持决策 | | |
| | 办公自动化 国资委评级 E 级 | 职能信息化 国资委评级 D 级 | 企业集成 信息整合 国资委评级 C 级 | 决策支持 国资委评级 B 级 | 驱动变革 国资委评级 A 级 |

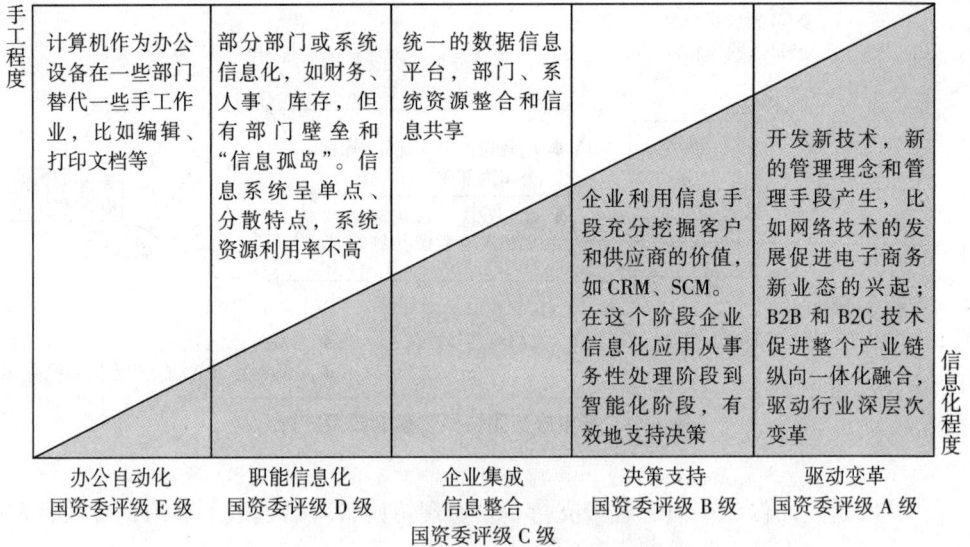

图 6-5　企业信息化发展的不同阶段

# 四、旅游企业集团协同管理的政策建议

旅游产业价值链是处于一种动态演变过程中的。旅游企业集团协同已成共识，但如何构建旅游企业价值链则必须要应时而变。对于旅游产业集团协同，自然离不开相关政策的支持。从国家和地方政府角度看，旅游对当地发展能够起到巨大的推动作用，旅游资源开发的带动效应大，它有广泛的关联性，带动系数大，资源消耗低，带来的就业机会多，社会综合效益好。

因此，本书认为，政府至少应该从以下四个方面给予支持：

第一，协同规划。在中国现实条件下，大型旅游集团的形成，始终是和各地政府的支持分不开的。旅游价值链的基础产品还是一个休养身心的去处，也就是类似于景区度假区或文化场所。而旅游价值链基础产品的打造，一般都会受到政府规划的制约和限制。因此，要实现旅游价值链的协同，在旅游产品的规划设计上，当地政府一定要在制定规划时，和旅游企业共同研究，包括旅游"吃、住、行、游、娱、购"六要素的产品提供，要从有利于协同管理的角度统筹考虑。同时可以加强产权体制改革，打破旅游产业链协同的各种瓶颈。

第二，协同政策。旅游产业结构优化是旅游企业自身调整与产业政策发展共振的必然结果。政府要根据产业经济运行的内在要求，制定相应的产业政策，以调整产业结构。而旅游企业也不能坐以待毙，必须要主动出击。旅游企业可以根据市场竞争环境以及旅游者的需求来调整自身的发展。旅游企业可以在调控旅游投资方向、土地使用补偿、财政补贴或免税等方面提供更优惠的政策，对投入高、回收期长、市场风险大的旅游投资项目给予公共政策支持和公共资金投入等。比如，港中旅集团目前在北京密云打造的旅游房车营地，从旅游价值链协同角度看，需要当地的旅游用地、房车制造和房车特殊的行车许可等，都得到了当地政府政策的有力支持。

第三，协同监管。旅游产业结构的协同管理过程本身就是旅游产业结构向合理化、高度化和均衡化发展的一种良性变动过程。地方政府从维护旅游市场秩序角度，要加强监管，在行政审批、项目管理、规范运作、质量保证、行政处罚和经济制裁等方面给旅游价值链协同提供良好的社会环境和氛围，从而避免低水平、低层次服务和有损消费者利益的旅游竞争影响协同管理。特别是在高度重视环保、重视低碳经济和可持续发展的今天，一定要通过监管，实现旅游业发展与环保良性互动。旅游作为一种特殊产业，与环境关系密切。没有好的资源和生态环境以及社会环境，旅游业发展就难以持续。政府应该通过监管，使环保为旅游业发展提供基础，创造条件；也通过监管使旅游业在促进经济发展和提升人们生活品质的同时，推动环保的发展。要最大限度减少对资源的破坏，增加旅游文化内涵，加强景区管理，通过协同管理，强化跨行业、跨部门、跨地区管理力度，保证旅游景区健康发展。

第四，协同服务。从旅游角度讲，政府的责任是提供公共服务产品，比如旅游公共交通设施的改善，公共交通线路的提供，以及属于政府管理的景区的协同管理等。民航、铁路、能源、通信、环保、信息、咨询、电子网络等基础设施的建设都属于政府提供的公共产品，同时也制约旅游企业协同发展。

与此同时，从大型旅游集团公司角度，比如港中旅集团，要实现协同，从集团层面要提供如下的政策支持：

其一，通过统筹关键资源配置，实现旅游价值链平衡，补齐短板。从本书以上章节的研究分析可以看出，要实现协同，必须打造足够宽的价值链，才能增强协同的市场吸引力，无论是拥有产权企业的协同，还是松散式旅游企业的协同，必须使旅游价值链各环节服务均衡，没有短板制约。比如，港中旅集团的旅游产业链上的七种业态，包括传统旅行社、酒店、景区度假区、在线旅游、旅游客运、旅游演艺、高尔夫球，都应努力形成各自细分产业的经营模式、盈利模式、管理模式。在市场竞争中，都要打造"人无我有、人有我优、人优我先"的竞争优势。

其二，强化内部管理能力，统一政策，协调机制，理顺流程。价值链协同，不是简单的合作，而是不同旅游产品和服务的有机结合。从集团层面，要有统一的政策指导，要有实现协同的沟通和运作机制，以及建立在绩效科学评价基础上的利益分配机制。

其三，要加强行政管理，强力推动，科学规控。协同管理的内生机理来自市场和协同企业自身的驱动，但也离不开从宏观层面有力的推动。对于集团来说，要实现集团内部不同旅游企业的协同，必须加强行政管理和制约，从集团层面进行战略规划，科学指导；从管理架构和组织结构上配合协同进行设计。

其四，要加强信息化建设，技术支撑，整合创新。从港中旅集团来说，集团内部各企业信息化基础是有的，但各自分散，所使用的信息系统不统一。要实现协同，必须进行整合创新，实现一个信息系统，建立统一的信息平台。

其五，不断进行服务创新和盈利模式创新，提升核心竞争力，塑造优质服务和良好的品牌形象。例如，港中旅集团应根据协同管理需要，重新梳理企业 CI/VI 品牌识别系统，建立规范的品牌标准。将企业外在品牌识别系统与企业内在服务标准系统有机结合，使港中旅的品牌深入消费者人心，持之以恒地培养境内外旅游消费对港中旅品牌的美誉度和忠诚度。同时，应强化服务理念，塑造企业行为规范。港中旅集团作为国内旅游行业龙头，要以港中旅集团旅游服务规范作为行业标准，引领中国旅游行业建立新的有利于公平有序、合理竞争的行业规范和行为准则，进一步巩固和强化港中旅集团在中国旅游行业的地位，打造旅游业界的世界性知名民族品牌。

其六，进一步发挥大型旅游企业集团的引领、示范和带动作用，为树立中国旅游行业优质文明的新风尚做出积极努力。港中旅集团作为中央直接管理的 53 家企业，作为中国最大的旅游企业集团，应该通过协同管理，摆脱低水平、低层次的旅游市场竞争，做优、做强、做大旅游业，力争成为提供优质旅游产品的领跑者，提升行业规范的示范者，转变增长方式的引领者，跻身国际竞争的探索者，塑造品牌价值的实践者，进一步扩大在旅游行业的影响力和带动力，倾力打造中国的"旅游强企"，真正成为亚洲前茅、世界一流的旅游企业集团。

# 五、本章小结

本章主要对旅游企业集团协同管理的时机选择、实施策略、保障机制与政策建议分别进行阐述。首先，指出旅游企业集团协同管理的时机选择。其次，具体分析了旅游企业集团协同管理的实施策略。再次，结合四个关键要素在实际运用中可能遇到的障碍，提出了协同管理的政策、人才和技术保障机制。最后，从政府和企业集团角度分别提出了旅游企业协同管理的政策建议和启示。

# 第七章　结论与展望

本章是研究结论与展望。一是对上述的实证分析和案例研究进行总结，得出本书的几大基本研究结论，分析研究的创新之处，指出研究的难点。二是对后续研究进行展望，指出未来的研究方向。

## 一、基本结论

本书研究认为，一方面，当前旅游产业整体素质不高，处于低水平的竞争状态；旅游产业集中度较低，旅游企业普遍存在"散、小、弱、差"现象，即分布较散、规模偏小、实力较弱、竞争较差。与此同时，"国际竞争国内化、国内竞争国际化"的竞争态势已经出现，而我国尚缺乏具有国际竞争力的旅游产业集团。旅游产业现状和旅游行业发展态势格格不入。另一方面，由于旅游产品的综合性特点决定了构成旅游产业链的各企业要协同发展，向游客提供产品的任何一个环节出现问题都会导致总体旅游产品质量的下降，而任何一个单体的旅游企业都难以提供旅游者在旅游过程中所需要的所有产品和服务，任何企业都需要这个链条上的各个环节的协作和配合。

伴随市场竞争的日益激烈，自然要求企业能尽快做大，实现规模经济，从而降低成本，提升企业的市场竞争力。于是，越来越多的企业集团应运而生。而企业要真正做大做强，企业集团协同管理问题就是必须要解决的一大难题。旅游企业集团亦不例外。在政府推动和市场驱动的双重作用下，我国旅游企业集团也在逐渐出现，并呈现出高速发展的态势，出现了一批具有代表性的旅游企业集团，如国旅集团、中旅集团、中青旅集团、华侨城旅游集团、北京首都旅游集团、上海锦江国际集团等。与此同时，笔者长期在旅游行业工作，对旅游行业现状比较了解。

综合以上因素，本书定位研究旅游企业集团协同管理，既具有非常重要和现实的意义，同时在旅游价值链管理，以及协同管理方面，又具有进一步理论研究的意义。为此，本书以旅游企业集团协同为研究视角，通过对我国具有代表性的本土旅游集团——港中旅集团为研究对象，采用问卷调查的实证研究和案例研究相结合的方式，对我国旅游企业集团协同管理进行了研究。

具体来说，本书得出如下的研究结论：

第一，经过文献研究和实证研究问卷调查数据分析，并通过 SPSS 的探索性因子分析，提取出了旅游企业集团协同管理四大主要因子，分别将其命名为内部管理能力、关键资源整合、盈利模式和服务创新，通过 LISREL 软件对其进行验证性因子分析，基本验证了旅游企业集团协同管理的四维度结构模型的合理性。并通过结构方程模型验证了旅游企业集团协同管理的四大主要因素与绩效的正相关关系。

第二，结合文献研究和港中旅集团案例分析，就港中旅集团协同管理成效进行分析，特别是对内部管理能力、关键资源整合、盈利模式和服务创新等具体做法进行剖析，再次验证了旅游企业集团协同管理的四大主要因素，案例与实证不谋而合。并基于此，构建了旅游企业集团协同管理机制模型。

第三，在文献研究、实证研究、结构方程模型 SEM 和案例研究基础上，本书就旅游企业集团协同管理的四大因子及其主要包含变量进行研究，提出旅游企业集团协同管理实施建议。在内部管理能力建设方面，注重考虑战略引导，组织结构配套，塑造协同环境，搭建信息共享平台，建立协同绩效评价和激励机制，并通过管理关系、合同或契约建立信任机制等因素。在关键资源整合方面，注重人才资源、能力资源、客户资源、市场和产品资源协同。在盈利模式方面，注重商务结构、业务结构以满足客户体验及服务质量效率取胜，争取协同整体利益最大化。在服务创新方面，适应旅游产业特点，建立服务规范和标准，提升服务层次，增强协同企业的品牌知名度和美誉度。

第四，构建企业集团协同管理机制模型，实施旅游企业集团协同管理，从政府层面应抓好协同规划，制定协同政策，进行协同监管，做好协同服务；从旅游企业集团层面，要实现协同管理，其一，通过统筹关键资源配置，实现旅游价值链平衡，补齐短板；其二，强化内部管理能力，统一政策，协调机制，理顺流程；其三，加强行政管理，强力推动，科学规控；其四，加强信息化建设，技术支撑，整合创新；其五，要不断进行服务创新和盈利模式创新，提升核心竞争力，塑造优质服务和良好品牌形象；其六，进一步发挥大型旅游企业集团的引领、示范和带动作用，为树立中国旅游行业优质文明的新风尚做出积极努力。

第五，实证研究和案例研究同时验证了本书所研究的企业集团协同管理的四大核心要素，即内部管理能力、关键资源整合、盈利模式和服务创新，从而构建了旅游企业集团协同管理的四维度结构模型，为旅游企业集团协同管理提供了研究基础，也为旅游企业集团进一步发展，并真正做大做强提供了可供努力的方向。

## 二、本书的创新点

对于旅游企业集团协同管理，虽然有不少学者开始对其研究，但是还是缺少系统的研究和概括。为此，笔者结合自身的旅游企业集团实践和对旅游行业的理解，对旅游企业集团协同管理展开研究。对于本书的创新和贡献，主要归纳如下：

第一，本书初步尝试对旅游企业集团协同管理进行研究。旅游企业集团是伴随旅游产业发展而产生的，有关企业集团的研究原本不多，对于旅游企业集团协同更是少之又少。为此，本书以旅游企业集团协同为视角展开探索式研究，可以说，一方面，丰富了旅游企业集团的相关研究成果；另一方面，对于旅游企业集团协同来说，也是大胆的尝试。所以，本书研究在一定程度上弥补了旅游企业集团协同管理研究的空白。

第二，本书通过实证分析和案例研究，不仅构建出旅游企业集团协同管理四维度结构模型，而且进一步验证了该模型的有效性。可以说模型的建构极大地提升了本书的理论价值，也可以说是本书研究的理论贡献。在参考国内外专家就企业集团协同的构成要素学说的基础上，针对旅游企业集团这一全新的企业集团形式，首次提出了旅游企业集团协同管理的四个构成要素，并构建了旅游企业集团协同管理模型，同时结合港中旅集团的企业集团协同实践，特别是在内部管理能力、关键资源整合、盈利模式和服务创新等方面的成功表现，开始显现出其强大的企业集团协同效应。这也在一定程度上又反过来验证了本书所构建的旅游集团协同管理模型。

第三，本书可能的贡献主要还是基于笔者多年来的管理实践。通过在旅游企业集团多年的管理工作实践，笔者大胆提出了旅游企业协同管理的时机选择、实施路径与政策建议。这也是本书的亮点和实践价值之一。首先，尝试说明了旅游企业基于价值链协同管理的时机选择；其次，提出具体的实施策略及建议；再次，结合四个关键要素所蕴含的主要因素和实际运用中会遇到的障碍，提出了协同管理的政策、人才和技术保障机制；最后，从政府和企业集团角度分别提出了基于价值链的旅游企业协同管理的政策建议和启示。

# 三、本书的不足之处

本书的不足之处主要有：

第一，基于旅游企业集团协同管理建立机制的模型研究；这一模型的构建，虽然有实证分析也有案例作证，但是仅仅是一家之言，难免有不妥之处，有待于后续的研究进行再次验证，有些地方还有待商榷。

第二，旅游企业集团协同四大主要因素之间的内在逻辑规律、相关因素的假设及实证分析是否成立；由于人力、物力、财力及各方面能力的限制，本书实证分析仍存在很多问题。其一，由于能力与精力所限，且本研究的样本总量需求较大，无法做到对旅游行业进行均匀抽样，包括按地域与行业，而只是选择港中旅集团为样本，所以，样本在数量和代表性方面有一定的局限性，有待于下一步研究改进。其二，对于本书研究问卷而言，由于被调查者的工作性质，对企业集团协同的理解，都将影响问卷质量，虽然本次问卷调查的对象是企业的中高层管理者，但是对于集团总部和子公司管理者的理解来说却大相径庭。其三，对于部分潜在变量的观察指标可能不够科学，但通过小规模的试调研与信度测试发现，很多被调查者对于一些词语表达，比如战略协同、人力资源协同、资源协同等理解还是不够，在填写问卷时显得力不从心，最后简化了部分观察指标。所以，部分观察指标的衡量有待商榷和完善。

第三，本书仅选用港中旅集团协同管理案例，在案例选择上可能有些主观成分，没有过多地考虑到其他旅游企业集团协同，所以，旅游机构和人员不同角度的分析和推理是否具有普遍性，对旅游类似经营和管理机构是否具有借鉴价值和现实意义，这还有赖于今后进一步的实践检验和理论界的探讨。

## 四、后续研究展望

本书基于价值链基础，对旅游企业集团实现协同管理进行了初步探讨。希望通过实现企业集团有效协同管理，来促进旅游企业做大做强，尽快发展起来，为中国打造大型旅游强企尽一点微薄之力。有鉴于此，笔者通过对行业的理解加上自身的企业实践，强烈认为：未来旅游企业集团应该通过实施有效的集团协同管理，以六个核心能力为重点，如图7-1所示。

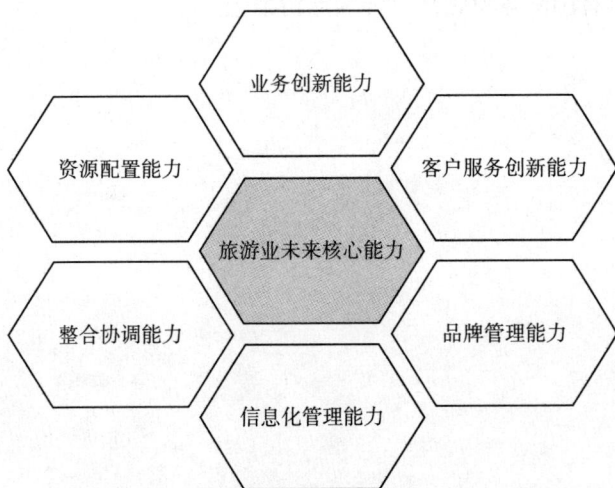

**图7-1 旅游企业集团六大核心能力**

在旅游企业集团实现协同管理的条件下发展六大核心能力是未来的发展方向。笔者也大胆地进行了实证分析和案例研究，可以说这只是一次很好的尝试，但研究还是远远不够的，存在很多局限性。对后续研究，有如下建议：

第一，在理论研究方面，如前文所述，目前旅游企业集团协同管理的研究尚处于起步阶段，大多是关于定性的概念与定义讨论、研究框架讨论等，而且基于不同的理论视角，没有一个统一的说法，这就有可能存在整合各种流派观点的机会。当然，也有可能结合其他的边缘学科或者新兴的科学技术。

第二，在实证研究方面，目前对于旅游企业集团协同管理的研究非常少，几乎没有现成的参考资料，所以从问卷的项目设计开始，到探索式提取因子，以及验证性因子分析，都没有资料可借鉴参考。随着研究过程的深入，有关旅游企业集团协同管理研究项目的内容也必将越来越细化，提取的主要因子也会越来越得到认可。

第三，在案例研究方面，目前我们选取的案例，是笔者多年来所效力的旅游企业集团，随着更多的旅游企业集团案例的出现，对于旅游企业集团协同管理的构成要素更有说服力，同时也将验证我们之前提出的旅游企业集团协同管理模型。

综上所述，后续研究还是有待于继续从多角度、多企业实践的层面加强对企业集团协同管理的研究，真正构建起能经得起检验而依然有效的企业集团协同管理机制，唯有如此，中国旅游企业方能真正实现做大做强，到那时候，中国自然就会出现一批具有国际竞争力的世界级旅游强企。

# 附录一 旅游企业集团协同管理调查问卷（初始问卷）

尊敬的领导（朋友、同事）：

您好！

十分感谢您能在百忙之中参加此次问卷调查。目前本人在进行理论学习，研究旅游企业集团协同管理方面的内容，需要搜集一些数据进行定量分析，非常需要得到您的支持和配合，希望您能在百忙之中，抽出宝贵的时间帮本人填写问卷，回答问卷中的每一个问题。

谢谢您的合作！

问卷填写说明：

1. 请您填写一些所在公司的基本情况，包括公司行业、性质、员工数和成立时间等。

2. 本问卷采用五分制的量表格式，请您在认为合适的选项后面打"√"标示。

## 一、基本资料

1. 您所在企业的名称：

2. 您来自：集团企业□  成员公司□  非集团企业□

3. 您所在（母/子）公司行业：计算机服务和软件业□  建筑业□  房地产业□  制造业□  批发零售业□  金融业□  旅游业□  住宿和餐饮业□  交通运输业□  其他□（请注明）

4. 您所在部门：财务部□  人力资源部□  市场销售部□  行政部□  技术部□  其他□_____（温泉中心）

5. 您的职务：企业高层管理人员□  企业中层管理人员□  企业基层管理人员□

6. 公司属于：国有独资□  集体□  民营□  合资□  其他□

7. 贵公司的员工总数为：

50 人及以下□　　51~100 人□　　101~500 人□　　501~1000 人□

1000 人以上□

8. 贵公司成立多久：

1 年以下□　　1~3 年□　　3~5 年□　　5~20 年□　　20 年以上□

## 二、旅游企业集团协同管理的情况

关于旅游企业集团协同管理的主要影响因素的问卷，请对下面各指标的有效性（即对旅游企业集团协同管理的影响程度）进行评分，用 1~5 表示重要程度，其中，"1"指非常不重要，"5"指非常重要，请根据理解，在数字后打"√"。

| 序号 | 按实际情况，为下列因素对旅游企业集团协同管理的影响程度评分 | 非常不重要 | 不重要 | 比较重要 | 重要 | 非常重要 |
|---|---|---|---|---|---|---|
| 1 | 协同管理需集团总部清晰明确的战略引导 | 1 | 2 | 3 | 4 | 5 |
| 2 | 子公司认知协同的重要性并具备有效实施方案 | 1 | 2 | 3 | 4 | 5 |
| 3 | 高层的决心和支持 | 1 | 2 | 3 | 4 | 5 |
| 4 | 子公司之间信任机制的建立有助于协同实施 | 1 | 2 | 3 | 4 | 5 |
| 5 | 集团内部各子公司具有共同的企业愿景、使命、价值观 | 1 | 2 | 3 | 4 | 5 |
| 6 | 集团各子公司相互支持和信息资源分享 | 1 | 2 | 3 | 4 | 5 |
| 7 | 集团能够对协同企业实施有效团队激励 | 1 | 2 | 3 | 4 | 5 |
| 8 | 母子公司的规章制度保持一致 | 1 | 2 | 3 | 4 | 5 |
| 9 | 集团内部使用统一的信息共享平台 | 1 | 2 | 3 | 4 | 5 |
| 10 | 协同管理需建立有别于一般企业的组织结构 | 1 | 2 | 3 | 4 | 5 |
| 11 | 集团能够有效整合企业资源 | 1 | 2 | 3 | 4 | 5 |
| 12 | 集团规范子公司行为，降低合作风险 | 1 | 2 | 3 | 4 | 5 |
| 13 | 集团内部有统一的制度保障 | 1 | 2 | 3 | 4 | 5 |
| 14 | 集团降低组织成本，保持企业敏捷性 | 1 | 2 | 3 | 4 | 5 |
| 15 | 集团产生协同资本效益，分享较高的资产专用性，分担投资风险 | 1 | 2 | 3 | 4 | 5 |
| 16 | 对子公司注重资源整合能力 | 1 | 2 | 3 | 4 | 5 |
| 17 | 提升子公司服务素质利于协同 | 1 | 2 | 3 | 4 | 5 |
| 18 | 子公司能够主动关注集团整体协同效益 | 1 | 2 | 3 | 4 | 5 |
| 19 | 集团内部有统一的服务标准 | 1 | 2 | 3 | 4 | 5 |
| 20 | 集团注重并构建了自身的价值链条 | 1 | 2 | 3 | 4 | 5 |
| 21 | 子公司都有各自明确的价值链定位 | 1 | 2 | 3 | 4 | 5 |
| 22 | 子公司推出服务的差异化 | 1 | 2 | 3 | 4 | 5 |
| 23 | 集团盈利模式注重价值链整体贡献 | 1 | 2 | 3 | 4 | 5 |

续表

| 序号 | 按实际情况，为下列因素对旅游企业集团协同管理的影响程度评分 | 非常不重要 | 不重要 | 比较重要 | 重要 | 非常重要 |
|------|------|------|------|------|------|------|
| 24 | 集团有基于价值链的盈利模式 | 1 | 2 | 3 | 4 | 5 |
| 25 | 集团有完整的基于协同的价值链产品 | 1 | 2 | 3 | 4 | 5 |
| 26 | 集团能够主动基于协同有效配置资源 | 1 | 2 | 3 | 4 | 5 |
| 27 | 子公司能够主动满足内部资源协同需要 | 1 | 2 | 3 | 4 | 5 |
| 28 | 各子公司之间在资源互补上有一定依赖性 | 1 | 2 | 3 | 4 | 5 |
| 29 | 旅游业各公司之间内部协同顺畅 | 1 | 2 | 3 | 4 | 5 |
| 30 | 集团各旅游要素齐全，具备价值链基础 | 1 | 2 | 3 | 4 | 5 |
| 31 | 集团对各子公司行政管理顺畅高效 | 1 | 2 | 3 | 4 | 5 |
| 32 | 重视对协同效果的激励并形成评价机制 | 1 | 2 | 3 | 4 | 5 |
| 33 | 集团管理架构与组织设计对实现协同很重要 | 1 | 2 | 3 | 4 | 5 |
| 34 | 内部运行机制利于实现协同 | 1 | 2 | 3 | 4 | 5 |
| 35 | 协同管理成效有赖于集团的管控能力 | 1 | 2 | 3 | 4 | 5 |
| 36 | 集团资源和市场规模影响协同意愿 | 1 | 2 | 3 | 4 | 5 |
| 37 | 盈利模式对协同非常重要 | 1 | 2 | 3 | 4 | 5 |

本次问卷到此结束，再次感谢您的配合！

# 附录二 旅游企业集团协同管理调查问卷（正式问卷）

尊敬的领导（朋友、同事）：

您好！

十分感谢您能在百忙之中参加此次调查问卷。目前本人在进行理论学习，研究旅游企业集团协同管理方面的内容，需要搜集一些数据进行定量分析，需要得到您的支持和配合，希望您能在百忙之中，抽出宝贵的时间帮本人填写问卷，回答问卷中的每一个问题。

谢谢您的合作！

问卷填写说明：

1. 请您填写一些所在公司的基本情况，包括公司行业、性质、员工数和成立时间等。

2. 本问卷用五分制量表格式，请您在认为合适的选项后面打上"√"标示。

## 一、基本资料

1. 您所在企业的名称：_____

2. 您来自：集团企业□　　成员公司□　　非集团企业□

3. 您所在（母/子）公司行业：计算机服务和软件业□　　金融业□　　批发零售业□　　旅游业□　　住宿和餐饮业□　　制造业□　　建筑业□　　房地产业□　　交通运输业□　　其他□_____（请注明）

4. 您所在部门：财务部□　　人力资源部□　　市场销售部□　　行政部□　技术部□　　其他□_____（温泉中心）

5. 您的职务：企业高层管理人员□　　企业中层管理人员□　　公司基层管理人员□

6. 公司属于：国有独资□　　集体□　　民营□　　合资□　　其他□

7. 贵公司的员工总数为：

50 人及以下□　　　51~100 人□　　　101~500 人□　　　501~1000 人□

1000 人以上□

8. 贵公司成立多久：

1 年以下□　　　1~3 年□　　　3~5 年□　　　5~20 年□　　　20 年以上□

**二、旅游企业集团协同管理的情况**

关于旅游企业集团协同管理的主要影响因素的问卷，请对下面各指标的有效性（即对旅游企业集团协同管理的影响程度）进行评分，用 1~5 表示重要程度，其中，"1"指非常不重要，"5"指非常重要，请根据自己的理解，在数字后打"√"。

| 序号 | 根据公司实际，为下面因素对旅游企业集团协同管理的影响程度评分 | 非常不重要 | 不重要 | 比较重要 | 重要 | 非常重要 |
|---|---|---|---|---|---|---|
| 1 | 协同管理需要集团总部清晰明确的战略引导 | 1 | 2 | 3 | 4 | 5 |
| 2 | 子公司认知协同的重要性并具备有效实施方案 | 1 | 2 | 3 | 4 | 5 |
| 3 | 高层的决心和支持 | 1 | 2 | 3 | 4 | 5 |
| 4 | 子公司之间信任机制的建立有助于协同实施 | 1 | 2 | 3 | 4 | 5 |
| 5 | 集团内部各子公司具有共同的企业愿景、使命、价值观 | 1 | 2 | 3 | 4 | 5 |
| 6 | 集团各子公司相互支持和信息资源分享 | 1 | 2 | 3 | 4 | 5 |
| 7 | 协同管理需建立区别于一般企业的组织结构 | 1 | 2 | 3 | 4 | 5 |
| 8 | 母子公司的规章制度和企业文化内涵保持一致 | 1 | 2 | 3 | 4 | 5 |
| 9 | 集团内部使用统一的信息共享平台 | 1 | 2 | 3 | 4 | 5 |
| 10 | 母子公司资源可以实现共享 | 1 | 2 | 3 | 4 | 5 |
| 11 | 集团能够对协同企业实施有效团队激励 | 1 | 2 | 3 | 4 | 5 |
| 12 | 集团能够规范子公司行为，降低合作风险 | 1 | 2 | 3 | 4 | 5 |
| 13 | 集团内部有统一的制度保障 | 1 | 2 | 3 | 4 | 5 |
| 14 | 集团降低组织成本，保持企业敏捷性 | 1 | 2 | 3 | 4 | 5 |
| 15 | 集团产生协同资本效益，分享较高的资产专用性，分担投资风险 | 1 | 2 | 3 | 4 | 5 |
| 16 | 集团能够有效整合各子公司资源 | 1 | 2 | 3 | 4 | 5 |
| 17 | 企业集团追求多样的盈利模式 | 1 | 2 | 3 | 4 | 5 |
| 18 | 子公司能够主动关注集团整体协同效益 | 1 | 2 | 3 | 4 | 5 |
| 19 | 集团内部有统一的服务标准 | 1 | 2 | 3 | 4 | 5 |
| 20 | 提升子公司服务素质利于协同 | 1 | 2 | 3 | 4 | 5 |
| 21 | 子公司都有各自明确的价值链定位 | 1 | 2 | 3 | 4 | 5 |
| 22 | 集团盈利模式注重价值链整体贡献 | 1 | 2 | 3 | 4 | 5 |

续表

| 序号 | 根据公司实际，为下面因素对旅游企业集团协同管理的影响程度评分 | 非常不重要 | 不重要 | 比较重要 | 重要 | 非常重要 |
|---|---|---|---|---|---|---|
| 23 | 集团有基于价值链的盈利模式 | 1 | 2 | 3 | 4 | 5 |
| 24 | 集团有完整的基于协同的价值链产品 | 1 | 2 | 3 | 4 | 5 |
| 25 | 集团能够主动基于协同有效配置资源 | 1 | 2 | 3 | 4 | 5 |
| 26 | 子公司能够主动满足内部资源协同需要 | 1 | 2 | 3 | 4 | 5 |
| 27 | 各子公司之间在资源互补上有一定依赖性 | 1 | 2 | 3 | 4 | 5 |
| 28 | 重视对协同效果的激励并形成评价机制 | 1 | 2 | 3 | 4 | 5 |
| 29 | 集团管理架构与组织设计对实现协同很重要 | 1 | 2 | 3 | 4 | 5 |
| 30 | 内部运行机制利于实现协同 | 1 | 2 | 3 | 4 | 5 |
| 31 | 协同管理成效有赖于集团的内部管控能力 | 1 | 2 | 3 | 4 | 5 |
| 32 | 集团资源和市场规模影响协同意愿 | 1 | 2 | 3 | 4 | 5 |
| 33 | 盈利模式对协同非常重要 | 1 | 2 | 3 | 4 | 5 |

本次问卷到此结束，再次感谢您的配合！

# 参 考 文 献

## 英文参考文献

1. Amit R., P. J. H. Schoemaker. Strategic Assets and Organizational rent [J]. Strategic Management Journall, 1993 (120).

2. Amit R., C. Zott. Value Creation in e-business [J]. Strategic Management Journal, 2001, 22 (6-7).

3. Bailey, Habbs, Saunders. Environmental Auditing: Articial Waterway Developments in Western Australia [J]. Journal of Environmental Management, 1992 (34).

4. Balachandra R.. Critical Signals for Making Go/Nogo Decisions in New Product Development [J]. Journal of Product Innovation Management, 1984 (1).

5. Balachandra R., Brockhoff K., Pearson A.W.. R&D Project Termination Decisions: Processes, Communication, and Personnel Changes [J]. Journal of Product Innovation Management, 1996, 13.

6. Bamard, M.E., Rodgers, R.A.. How are Internally Oriented HRM Policies Related to High Performance Work Practices Evidence from Singapore [J]. International Journal of Human Resource Management, 2000, 11 (6).

7. Barczak G.. New Product Strategy, Structure, Process, and Performance in the Telecommunications Industry [J]. Journal of Product Innovation Management, 1995, 12.

8. Barczak G., Griffin A., Kahn K.B.. Perspective: Trends and Drivers of Success in NPD Practices: Results of the 2003 PDMA Best Practices Study [J]. Journal of Product Innovation Management, 2009, 26.

9. Barney J. B.. Firm Resources and Sustained Competitive Advantage [J]. Journal of Management, 1991, 17.

10. Barney J. B.. Strategic Factor Markets: Expectations, Luck, and Business Strategy [J]. Management Science, 1986, 32 (10).

11. Batt R.. Strategic Segmentation in Front-Line Services: Matching Customers, Employees and Human Resource Systems [J]. The InternationalJournalof Human Resource Management, 2000, 11 (3).

12. Becker B.E., HuselidM. A.. Measuring HR Benchmarking is not the Answer [J]. Human Resource Magazine, 2003, 12.

13. Birkinshaw, Bresman, Hakanson.Managing the Post-Acquisition Integration Process: How the Human Integration and Task Integration Process Interact to Foster Value Creation [J]. Journal of Management Studies, 2000, 37 (3).

14. Bjorkman, Fan X. C.. Human Resource Management and the Performance of Western Firms in China [J]. International Journal of Human Resource Management, 2006, 13 (6).

15. Bjorkman I., Lu Y.. Institutionalization and Bargaining Power Explanations of Human Resource Management practices in International Joint Ventures—Ease of Chinese—western joint ventures [J]. Organization Studies, 2000, 22 (3).

16. Boselie P., Dietz G., Boon C.. Commonalities and Contradictions in HRM and Performance Research [J]. Human Resource Management Journal, 2005, 15.

17. Brentano de U.. Success and Failure in New Industrial Services [J]. Journal of Product Innovation Management, 1989, 6.

18. Brown S.L., Eisenhardt K. M.. Product Development: Past Research, Present Findings and Future Directions [J]. Academy of Management Review, 1995, 20 (2).

19. Calantone R. J., di Benedetto C.A.. An Integrative Model of the New Product Development Process [J]. Journal of Product Innovation Management, 1988, 5.

20. Calantone R. J., Schmidt J. B., de Benedetto C. A.. New Product Activities and Performance: The Moderating Role of Environmental Hostility [J]. Journal of Product Innovation Management, 1997, 14.

21. Chen Frank, DreznerZvi, Ryan K Jennifer. Quantifying the Bullwhip Effect in a Simple Supply Chain: The Impact of Forecasting, Lead Times, and Information [J]. Management Science, 2000 (46).

22. Combs J., Liu Y. M., Hall A., Ketchen, D.. How Much do High – performance Work Practices Matter—A Mata –analysis of Their Effects on Organizational Performance [J]. Personnel Psychology, 2006, 59 (3).

23. Cooper R.G.. The Strategy–performance Link in Product Innovation [J]. R&D Management, 1984, 14.

24. Cooper R.G., Kleinschmidt E. J.. Benchmarking the Firm's Critical Success Factors in New Product Development [J]. Journal of Product Innovation Management, 1995, 12.

25. Datta D. K., James P., Guthrie J. P., Patrick M., Wright P. M.. Human Resource Management and Labor Productivity: Does Industry Matter [J]. Academy of Management Journal, 2005, 48 (1).

26. David E., Bowen D.E., Ostroff C.. Understand HRM—Firm Performance Linkages: The Role of the Strength of the HRM System [J]. Academy of Management Review, 2004, 29.

27. Das T. K., Teng Bing–sheng.A Resource–Based Theory of Strategic Alliances [J]. Journal of Management, 2000, 26 (1).

28. Dierickx L., K. Cool. Asset Stock Accumulation and Sustainability of Competitive Advantage [J]. Management Science, 1989 (35).

29. Dimitrios Diamantis, John Westlake. Environmental Auditing: An Approach towards Monitoring the Environmental Impacts in Tourism Destinations, with Reference to the Case of Molyvos Progress [J]. Tourism and Hospitality Research, 1997 (3).

30. Ernst H.. Success Factors of New Product Development: A Review of the Empirical Literature [J]. International Journal of Management Reviews, 2002, 4 (1).

31. Fiegenbaum, Hart, Schendel. Strategic Reference Point Theory [J]. Strategic Management Journal, 1996, 17 (3).

32. Gooda U.. Environmental Auditing [M] //S.Witt, L. Moutinho. Tourism Mar-

keting and Management Handbook [M]. Hemel Hempsteod: Prentice Hall, 1994.

33. Gordijn J.. Value–based Requirements Engineering–Exploring Innovative e–Commerce Ideas [M]. Amsterdam: VrijeUniversiteit, 2002.

34. Grant R. M.. The Resource–based Theory of Competitive Advantage: Implications for Strategy Formulation [J]. California Management Review, 1991, 33 (3).

35. Grant R. M.. The Knowledge–based View of the Firm: Implications for Management Practice [J]. Long Range Planning, 1997, 30 (3).

36. Griffin A., Page A. L.. PDMA Success Measurement Project: Recommended Measures for Product Development Success and Failure [J]. Journal of Product Innovation Management, 1996, 13 (4).

37. Griffin A.. PDMA Research on New Product Practices: Updating Trends and Benchmarking Best Practices [J]. Journal of Product Innovation Management, 1997, 14 (6).

38. Haken H. Information and Self–Organization [M]. New York: Springer–Verlag, 1998.

39. Helo P. T..Dynamic Modeling of Surge Effect and Capacity Limitation in Supply Chains [J]. INT. J. PROD. RES, 2000, 38 (7).

40. Itami H.. Mobilizing Invisible Assets [M]. Cambridge: Harvard University Press , 1987.

41. Jemison D., Sitkin S.. Corporate Acquisition: A Process Perspective [J]. Academy of ManagementReview, 1986 (11).

42. John S. Breese, David Heckerman, Carl Kadie. Empirical Analysis of Predictive Algorithms for Collaborative Filtering [R]. Proceedings of the 14th Conference on Uncertainly in Artificial Intelligence, 1998.

43. Kahn K. B., Barczak G., Moss R.. Perspective: Establishing an NPD Best Practices Framework [J]. Journal of Product Innovation Management, 2006 (23).

44. Kahn K.B., Barczak G., Nicholas J., Ledwith A., Perks H.. An Examination of New Product Development Bestpractices [J]. Journal of Product Innovation Management, 2012, 29 (2).

45. Krishnan V., Ulrich T. K.. Product Development Decisions: A Review of the

Literature [J]. Management Science, 2001, 47 (1).

46. Kuczmarski & Associates, Inc.. Winning New Product and Service Practices for the 1990's [M]. Kuczmarski & Associates: Chicago, IL, 1994.

47. Little Arthur D.. The Arthur D. Little Survey on the Product Innovation Process [M]. Arthur D. Little: Cambridge, MA, 1991.

48. M. T. Martinez, P. Fouletier, K. H. Park, J. Favrel. Virtual Enterprise-organization, Evolution and Control [J]. International Journal of Production Economics, 2001, 74.

49. Nazmiye Erdogan. Environmental Performance of Tourism Accommodations in the Protected Areas: Case of Goreme Historical National Park [J]. International Journal of Hospitality Management, 2009 (2).

50. Poon. A Competitive Strategies for a "New Tourism" Progress in Tourism [J]. Recreation and Hospitality Management, 1989, 91.

51. Poon. A Tourism, Technology and Competitive Strategies [J]. Wallingford: C. A. B. International, 1993.

52. Prahalad C. K., G. Hamel. The Core Competence of the Corporation [J]. Harvard Business Review, 1990, May-June.

53. Tremblay P.. The Economic Organization of Tourism [J]. Annals of Tourism Research, 1998, 25 (4).

54. Xiaode Zuo. Study on an Evaluation Method of Vendors [J]. Journal of Systems Science and Information, 2006 (3).

55. XiaodeZuo. Study on Lead Time and Price Discount Based on Elastic Demand in Supply Chain Management [J]. Journal of Systems Science and Information, 2006 (4).

56. Xiaode Zuo, Shengjia Xue. Study on Multiple Solutions of Linear Programming [J]. Journal of Systems Science and Information, 2003 (1).

57. Teece D. J., G. Pisano, Shuen A.. Dynamic Capabilities and Strategies Management [J]. Strategies Management Journal, 1997, 18 (7).

58. Tosun C.. Host Perceptions of Impacts of Tourism: A Comparative Tourism Study [J]. Annals of Tourism Research, 2002 (29).

## 中文参考文献

1. H. 哈肯，徐锡申. 协同学 ［M］. 陈式刚，陈雅琛等译. 原子能出版社，1984.

2. H. 哈肯. 高等协同学 ［M］. 郭治安译. 北京：北京科学出版社，1989.

3. 安应民. 论旅游产业生态管理系统的构建［J］. 旅游科学，2006（2）.

4. 白培军. 核心资源概念界定的再思考［J］. 生产力研究，2004（3）.

5. 卜彬. 云计算特征与重庆云计算产业链整合研究［J］. 探索，2012（1）.

6. 陈光. 企业内部协同创新研究 ［D］. 成都：西南交通大学，2005.

7. 陈寂霞. 基于关键资源的企业边界分析［J］. 科技进步与对策，2005（7）.

8. 陈剑，冯蔚东. 虚拟企业的构建与管理 ［M］. 北京：清华大学出版社，2002.

9. 陈丽芳. 浅谈中国旅游电子商务发展现状和对策 ［J］. 科技资讯，2009（31）.

10. 陈钦兰. 供应链中企业合作协同的战略因素研究 ［J］. 山西财经大学学报，2007（3）.

11. 陈薇. 试论中国旅游电子商务发展现状和对策 ［J］. 常德师范学院学报，2008（2）.

12. 陈雪钧. 国内关于旅游企业集团研究的文献综述 ［J］. 重庆交通大学学报（社科版），2013（10）.

13. 陈玉杰. 传统旅行社与旅游电子商务整合策略 ［J］. 职业技术，2009（3）.

14. 程巧莲. 从供应链到价值网的企业制造能力演化研究 ［D］. 哈尔滨：哈尔滨工业大学，2010.

15. 邓冰，俞曦，吴必虎. 旅游产业的集聚及其影响因素初探［J］. 桂林旅游高等专科学校学报，2004（6）.

16. 丁铭华. 基于自组织的企业集团资源协同管理研究 ［D］. 上海：同济大学，2008.

17. 董超群. 基于我国旅游电子商务瓶颈问题的对策研究 ［J］. 商业经济，2010（10）.

18. 杜莉. 旅游产业集群形成的影响因素分析——以我国长三角地区为例

［EB/OL］．［2007－01－15］．http：//wenku.baidu.com/view/6c4739b269dc5022aaea00ba.html.

19．杜琦，傅裕嘉，马运超．中国企业价值链管理现状、问题及发展方向研究［J］．价值工程，2003（3）．

20．范莉娜．关于我国旅行社信息化建设的思考［J］．贵州民族学院学报，2006．

21．范正认．企业核心能力的内部协同过程分析［J］．科技管理研究，2000（3）．

22．方润生，李垣．基于价值创造的企业内部行为主体的特点及互动机制［J］．南开管理评论，2002（1）．

23．方润生，李垣．基于关系的资源与企业资源获取行为的创租机制［J］．预测，2003（2）．

24．方润生，李垣．企业关键资源及其形成与配置机制［J］．南开管理评论，2001（4）．

25．方润生，李垣．企业关键资源有效配置的循环型模式［J］．经济经纬，2000（6）．

26．冯卫红．平遥古城旅游企业竞合关系研究［J］．旅游学刊，2008（11）．

27．盖玉妍．基于顾客价值的旅游产业价值链整合研究［J］．黑龙江社会科学，2008（3）．

28．高强，蔺雷．服务创新的障碍与保护［J］．商业研究，2006（18）．

29．高舜礼．中国旅游业对外开放战略研究［M］．北京：中国旅游出版社，2004．

30．葛绪锋．旅游企业战略协同研究［J］．经济研究导刊，2013（23）．

31．顾保国．企业集团协同经济研究［D］．上海：复旦大学，2003．

32．郭志伟．供应链协同管理的因素分析与协调策略研究［J］．经济师，2010（7）．

33．海峰，李必强，向佐春．管理集成论［J］．中国软科学，1999（3）．

34．韩芳，帕尔哈提·艾孜木．基于共生理论的区域旅游资源整合的动力机制研究——以南疆五地州旅游资源整合为例［J］．新疆师范大学学报（自然科学版），2006（3）．

35. 韩新明. 产业生态网络视阈下旅游企业耦合的合作博弈分析 [J]. 安徽农业科学，2010（16）.

36. 贺军. 区域旅游资源的整合与发展——以江西上犹为考察视点 [J]. 老区建设，2007（2）.

37. 胡芬，袁俊. 区域旅游产业生态集群的内在机理与培育策略 [J]. 世界地理研究，2006（2）.

38. 黄光欣. 运用价值链分析方法构建企业预算管理体系 [J]. 保险职业学院学报，2005（3）.

39. 黄继元. 旅游企业在旅游产业价值链中的竞争与合作 [J]. 经济问题探索，2006（9）.

40. 黄涛，徐勤飞，王学峰. 城市旅游资源整合研究 [J]. 枣庄学院学报，2005（5）.

41. 黄晓伟. 基于自组织理论的供应链资源协同研究 [D]. 哈尔滨：哈尔滨工业大学，2009.

42. 贾瑞霞，李云. 供应链协同管理绩效评价体系的构建 [J]. 北方经济，2010（1）.

43. 简兆权. 动态核心能力的形成及其更新机制研究 [J]. 科学学与科学技术管理，2003（7）.

44. 江波，夏惠. 信息化条件下的旅游产业价值链 [J]. 湖南广播电视大学学报，2008（1）.

45. 姜威. 基于区域经济发展差异的资源整合模式研究 [D]. 长春：吉林大学，2010.

46. 蒋贵川，范玉顺，吴澄. 动态联盟与企业敏捷性研究 [J]. 系统工程理论与实践，2002（1）.

47. 景秀艳. 关于旅游产业集聚的思考 [J]. 闽江学院学报，2005（4）.

48. 李海舰，原磊. 基于价值链层面的利润转移研究 [J]. 中国工业经济，2005（6）.

49. 李宏贵. 中国企业借鉴协同战略理论研究 [J]. 现代经济，2007（5）.

50. 李斓曦. 基于价值链的开放式创新合作研发模式初探 [J]. 现代商业，2011（8）.

51. 李灵. 电子商务项目的协同管理研究 [D]. 天津：天津大学，2004.

52. 李延松，王久梗，许顼. 网际时代的旅游产业价值链重构与优化模型研究 [J]. 林业经济问题，2007（3）.

53. 李勇，杨秀苔，张昇，张旭梅. 论供应链管理中的战略协同 [J]. 经济与管理，2004（4）.

54. 刘福来，孙剑斌. 业务流程重组在知识管理中的作用 [J]. 企业经济，2003（3）.

55. 刘恒江，陈继祥. 上海旅游产业簇群及其核心竞争力研究 [J]. 上海经济，2003（9-10）.

56. 刘冀生，许宏强. 企业竞争优势的经济学分析 [J]. 南开管理评论，2001（5）.

57. 刘蕾，赵光洲，吴国喜. 业务流程重组与知识管理的互动关系研究 [J]. 经济问题探索，2003（10）.

58. 刘人怀，袁国宏. 我国旅游价值链管理探讨 [J]. 生态经济，2007（12）.

59. 刘仁军. 组织冲突的结构因素研究 [J]. 南开管理评论，2001（4）.

60. 刘亭立. 基于微观视角的旅游产业价值链分析 [J]. 社会科学家，2008（3）.

61. 刘亭立. 基于微观视角的旅游产业价值链分析 [J]. 社会科学家，2008（3）.

62. 刘蔚. 基于价值链（网络）理论的旅游产业竞争力分析 [J]. 北方经济，2006（17）.

63. 路科. 旅游业供应链新模式初探 [J]. 旅游学刊，2006（3）.

64. 罗光华. 旅游产业价值链研究综述 [J]. 西华师范大学学报，2009（3）.

65. 麻学锋，吕白羽. 武陵山区旅游产业集群发展的对策 [J]. 沿海企业与科技，2005（9）.

66. 马梅. e 时代旅游产业纵向交易关系研究 [D]. 上海：复旦大学，2004.

67. 马秀君，樊一阳，廖雅. 企业技术创新过程中的虚拟价值链分析 [J]. 技术与创新管理，2011（2）.

68. 迈克尔·波特. 竞争战略 [M]. 陈小悦译. 北京：华夏出版社，1997.

69. 毛剑梅. 旅游业与制造业产业集群的比较分析 [J]. 经济问题探索，2006

（6）.

70. 孟宁，乞建勋. 试论现代企业持续发展的价值链管理［J］. 华北电力大学学报（社会科学版），2003（1）.

71. 牟红. 我国旅游产业集群的建立方式研究［J］. 江苏商论，2006（4）.

72. 牟小俐，江积海，代小春. 知识管理的价值链分析［J］. 技术经济与管理研究，2001（5）.

73. 潘开灵，白列湖. 管理研究［J］. 系统科学学报，2006（1）.

74. 潘开灵，白烈湖. 管理协同理论及其应用［M］. 北京：经济管理出版社，2006.

75. 潘兴强. 服务业的服务创新研究［J］. 武汉商业服务学院学报，2009（2）.

76. 祁永卓. 华侨城旅游产业集群形成的实证分析［J］. 德州学院学报，2010（6）.

77. 钱学森. 创建系统学［M］. 太原：山西科学技术出版社，2001.

78. 秦立公. 旅游成为桂林主导产业的战略思考与战术研究［J］. 桂林旅游高等专科学校学报，2000（2）.

79. 邱国栋，白景坤. 价值生成分析：一个协同效应的理论框架［J］. 中国工业经济，2007（24）.

80. 盛小平. 面向企业核心竞争力的知识价值链研究［J］. 图书情报工作，2007（7）.

81. 史蒂夫·史密斯. 旅游产业及旅游卫星账户［J］. 赵丽霞译. 研究与探索，2003（7）.

82. 史文斌，张金隆. 基于模糊评价的旅游产业集群竞争力分析［J］. 商场现代化，2007（6）.

83. 史正涛，雷志义. 区域多种旅游资源整合开发战略研究［J］. 云南师范大学学报（哲学社会科学版），2005（6）.

84. 孙莜. 基于信息共享的供应链协同管理中企业间信任机制研究［D］. 安徽大学，2010.

85. 谭浩邦，左小德. 产业价值工程［M］. 广州：暨南大学出版社，1999.

86. 谭浩邦，左小德. 价值经营［M］. 北京：经济科学出版社，2002.

87. 万先进，张素芳. 对制定我国旅游产业政策的基本构想［J］. 理论月刊，

2001（10）.

88. 汪应洛. 系统工程学［M］. 北京：高等教育出版社，2007.

89. 王贵友. 从混沌到有序——协同学简介［M］. 武汉：湖北人民出版社，1987.

90. 王红. 基于 LISREL 模型的跨文化旅游知觉与满意度关系研究［D］. 秦皇岛：燕山大学，2008.

91. 王嘉. 基于价值链理论的旅游企业纵向边界的认识［J］. 决策与信息（财经观察），2008（12）.

92. 王起静. 旅游产业链的两种模式及未来趋势［J］. 经济管理，2005（22）.

93. 王树雄，吴正东. 湖南旅游产业集群化发展模式初探［J］. 沿海企业与科技，2006（2）.

94. 王甜，钟宪文. 基于动力模型的服务创新模式研究［J］. 科学学与科学技术管理，2005（11）.

95. 王雯雯，郭寻，吴忠军. 区域旅游资源开发整合研究［J］. 东南亚纵横，2006（1）.

96. 王晓静. 企业集团研发协同与研发绩效的实证研究［D］. 济南：山东大学，2012.

97. 王迎涛. 我国区域旅游资源整合研究进展与发展建议［J］. 地域研究与开发，2009（1）.

98. 王颖晖. 创新内涵下的知识密集型服务业盈利模式研究［J］. 经济问题，2009（1）.

99. 王雨田. 控制论、信息论、系统科学与哲学［M］. 北京：中国人民大学出版社，1986.

100. 魏宏森，曾国屏. 系统论——系统科学哲学［M］. 北京：清华大学出版社，1995.

101. 魏小安，冯宗苏. 中国旅游业：产业政策与协调发展［M］. 北京：旅游教育出版社，1993.

102. 吴冰，刘仲英，张新武. 基于价值链的企业知识管理模型研究［J］. 管理科学，2004（1）.

103. 吴刚. 基于价值链管理的企业竞争力研究［J］. 中国商贸，2011（20）.

104. 吴建辉. 基于价值链理论的旅游产业价值链分析 [J]. 中国商界，2011 (4).

105. 吴树桐. 基于动态能力的企业集团资源整合研究 [D]. 天津：天津财经大学，2009.

106. 吴彤. 自组织方法论研究 [M]. 北京：清华大学出版社，2001.

107. 席酉民，玉钒. 和谐管理理论 [M]. 北京：中国人民大学出版社，2002.

108. 夏清华. 从资源到能力：竞争优势战略的一个理论综述 [J]. 管理世界，2002 (4).

109. 熊芳. 浅析旅游企业品牌战略 [J]. 科教新报（教育科研)，2011 (1).

110. 颜玢岩. 浅谈旅游资源整合 [J]. 山东省农业管理干部学院学报，2005 (1).

111. 颜醒华，俞舒君. 旅游企业产业集群的形成发展机制与管理对策 [J]. 北京第二外国语学院学报，2006 (1).

112. 杨广，李江帆. 服务创新内涵、特征与模式 [J]. 现代管理科学，2009 (6).

113. 杨丽伟. 供应链企业协同自主创新研究 [D]. 武汉：武汉理工大学，2008.

114. 叶红. 我国旅游产业区模式：比较与实证分析 [J]. 旅游学刊，2006 (8).

115. 殷俊明，王跃堂. 基于价值链的集成成本管理系统 [J]. 华东经济管理，2011 (9).

116. 尹贻梅，刘志高. 旅游产业集群存在的条件及效应探讨 [J]. 地理与地理信息科学，2006 (6).

117. 尹贻梅等. 旅游产业集群：提升目的地竞争力新的战略模式 [J]. 福建论坛（人文社科版)，2004 (8).

118. 于吉鑫. 企业资源整合的经济学分析 [D]. 长春：吉林大学，2006.

119. 于秋阳.中国旅游产业潜力研究 [D]. 上海：华东师范大学，2010.

120. 余力，左美云. 协同管理模式理论框架研究 [J]. 中国人民大学学报，2006 (3).

121. 袁莉，刘鞠林. 聚集与旅游产业群的培育 [J]. 经济问题探索，2004 (1).

122. 袁莉，田定湘，刘艳. 旅游产业的聚集效应分析 [J]. 湖南社会科学，

2003（3）.

123. 张朝枝，邓曾，游旺. 基于旅游体验视角的旅游产业价值链分析 [J]. 旅游学刊，2010，25（6）.

124. 张朝枝，邓曾，游旺. 基于旅游体验视角的旅游产业价值链分析 [J]. 旅游学刊，2010（6）.

125. 张定方，姚洁. 企业集群供应链协同管理绩效评价 [J]. 企业经济，2009（11）.

126. 张广瑞. 旅游真是产业吗 [J]. 旅游学刊，1996（1）.

127. 张辉等. 转型时期中国旅游产业环境、制度与模式研究 [M]. 北京：教育出版社，2005.

128. 张建春. 旅游产业集群探析 [J]. 商业研究，2006（15）.

129. 张建民. 日本旅游产业发展研究 [D]. 长春：吉林大学，2012.

130. 张捷，张进，刘佳. 基于价值链理论的科学技术与旅游业结合模式研究 [J]. 旅游科学，2005（19）.

131. 张梦. 旅游产业集群化发展的制约因素分析 [J]. 旅游学刊，2006（2）.

132. 张鸣. 价值链管理理论研究与实证分析 [M]. 大连：东北财经大学出版社，2007.

133. 张晓明，张辉，毛接炳. 旅游服务供应链中若干环节的协调 [J]. 城市发展研究，2008（5）.

134. 张延锋，李垣. 能力、资源与核心能力形成分析 [J]. 科研管理，2002（4）.

135. 张耀辉，左小德，朱锋. 新商业模型评析 [M]. 广州：暨南大学出版社，2009.

136. 张哲. 基于产业集群理论的企业协同创新系统研究 [D]. 天津：天津大学，2008.

137. 赵晶英，卢润德. 基于旅游资源价值链的旅游资源整合研究 [J]. 社会科学家，2005（S2）.

138. 赵勇. 企业核心能力理论研究与实证分析 [D]. 成都：西南交通大学，2003.

139. 郑大宾，潘娣，汪绘琴. 基于价值链的旅游产业资源整合分析 [J]. 武汉职业技术学院学报，2009（1）.

140. 郑吉昌，夏晴. 基于服务质量形成模式的服务创新模型 ［J］. 商业研究，2005（17）.

141. 郑健壮. 基于资源整合理论的制造业集群竞争力的研究 ［D］. 杭州：浙江大学，2005.

142. 庄军. 论旅游产业集群的系统架构 ［J］. 桂林旅游高等专科学校学报，2005（4）.

143. 左小德，郭勤，刘子先. 贴近度分析法在案例库推理中的应用 ［J］. 暨南大学学报，1997（1）.

144. 左小德，梁云，张蕾. 应急物流管理 ［M］. 广州：暨南大学出版社，2010.

145. 左小德，林文兴，袁洪章. 企业兼并的绩效 ［J］. 暨南大学学报，2003，24（3）.

146. 左小德. 系统工程 ［M］. 广州：暨南大学出版社，2000.

147. 左小德. 管理运筹学 Ⅱ ［M］. 广州：暨南大学出版社，2010.

148. 左小德. 系统工程与复合型人才培养 ［J］. 当代教育，2003（2）.

149. 左小德. 项目管理与项目经理认证 ［M］. 广州：暨南大学出版社，2010.

150. 左小德. 项目投资管理学 ［M］. 广州：暨南大学出版社，1997.